道友社文庫

おたすけの心

西村勝造

JN152070

天 理 教 道 友 社

本書は、一九七四年に刊行された『教話　おたすけの心』を文庫化したものです。復刊に際して一部削除し、文字遣いや表現を改めました。

まえがき

この世、人間世界をおはじめくださいました親神様は、人間に陽気ぐらしをさせてやりたいという上から、陽気ぐらしをするにふさわしい世界を造るために、いろいろとご苦労くだされたと聞かせていただきます。神様の言われます陽気ぐらしとは、「日々に身上病《や》む事なし、日々に事情やむ事なし、日々に心やむ事なし、この三つの揃《そろ》うたが陽気」とお教えくださいました。

ところが、この三つが揃うということは、なかなかむずかしいことであります。特に、身上病みわずらいほど難渋なことはありません。まず、この悩みからたすけてやりたいという上から、「病の元は心から」とお教えくだされ、その理合いをわかりやすく元の理からお説きくだされ、さらにそのご守護の理を十柱の神名に分けて、事細かくお教えくださいました。人間はこのお話を素直に信じ、人間心を捨てて親神様に心からおもたれするところに、身も心もたすけていただく道が開けてくるのであります。

　教祖《おやさま》は、何もわからぬ人たちに心からなる温かい手をさしのべて、噛《か》んで含めるようにお話を聞かせてくださいました。かくしておたすけを頂かれた人々は、教祖の親も及ばぬ心の温かさにこいこがれて、反対攻撃の中も意に介さず慕い寄ってきたのであります。そうして、自分のたすけられた喜びを素直に人さまに伝えさせてもらい、にをいがけにいそしみ、お手引きさせていただくことが、何より親神様へのご恩報じになるのやと聞かせてもらい、そのとおりに日夜励んだのであります。

　今日、道のよふぼくとしてにをいがけ・おたすけにお励みくださっている教友各位の心の友として、日々の伴侶《はんりょ》のお役に立てていただけますならば、この上ない喜びと思いまして出版のはこびとなったわけであります。

この本が出来上がりますにつきましては、名東大教会《みょうどう》のご好意と、道友社編集部各位のひとかたならぬご協力を頂きましたことを、ここに厚くお礼申し感謝する次第であります。

昭和四十九年三月一日

西村勝造

目　次

心のふれ合いが根本

本来おたすけとは

神殿おたすけ掛主任という身に余る大任のご命を頂き、おたすけということについて、あらためて考え直す機会をお与えいただきました。神殿おたすけは、国々所々からおぢばに帰っておたすけを願い出た方に対し、その場でお話をし、その場でおさづけを取り次ぐのでありまして、一回きりのお願いであります。いわば一発勝負でありまして、何日もかかってぼちぼちというわけにはいかんのであります。それだけに一層の真剣味というものが必要とされます。

先輩のおたすけ掛の先生方の記録を読ませていただきますと、まことに真剣であり、それだけに一回のおさづけ取り次ぎで、鮮やかにご守護いただかれた例がたくさんあることは、皆さま方もよくご承知のことであります。そういう先輩先生方に対し、私は深い尊敬と憧《あこが》れの念を抱きますとともに、自分の力なさをしみじみと考えさせられるのであります。

そうしたことから最近、おさづけとは本来どういうものなのだろうかということを、私なりにいろいろ考え直しておるのでありますが、それについて心に浮かびますことが多少ありますので、まずそれからお話しさせていただきたいと思います。

現在、南礼拝場の前は石畳のスロープになっており、その西のほうは石段になっていますが、私の家はその階段の前あたりにありました。東が河原町《かわらまち》詰所、西が北村の時計屋で、神殿までかなり距離があるように感じたものです。私が子供のころですが、夏になると家の前に床几《しょうぎ》を出して涼んだり、縁台将棋をして遊んだりしたものです。

ある日、北村の家の床几で遊んでいますと、近くの人が三、四人出てきて世間話を始めました。その中に北村平四郎さんがいました。この人は背が高くて頑丈な体つきの人で、なかなか頑固な人だということでした。その平四郎さんが、こんなことを言うのです。

「近ごろ天理教も大きくなった。大したもんやが、今時の天理教のやつに、ろくなもんはおらん」

それを聞いた私は、子供心に「このおじい、何を言うか」と思ったものです。すると続けて、

「しかしなあ、教祖という人だけは別や。あの人は神さんや。人間やない」

と言うのです。それに対し別の大人が、

「なんで教祖だけが神さんや。おまえはそんなこと言うが、昔、その教祖のことをどない言うた。狐《きつね》つき狸《たぬき》つき言うて、悪いことしたんやろ」

「そりゃ悪いことしたもんや。参拝に来る人を、わざと水の張ってある田に落として泥んこにさしたこともある。そやけど、教祖だけは別や。あの人は神さんや」

「なんでや」

「そんな悪いことをしている最中に、子供のおうたが三つか四つやったが、

それが全身瘡《くさ》だらけになった。臭い匂《にお》いがするし、家で使《つこ》うている者も嫌《いや》がるし、わしら若い夫婦も困り果てた。隣の中山家へ行けば、ひょっとしたらたすけてもらえるかもしれんという気が起こったが、悪いことしているし、今さら頼みに行けたもんやない。わしだけやったら死んでも頭を下げてゆかなんだとこや」

「それで、どうした」

「なんぼおやじが頑固でも、わが子にはかなわん。頭を下げるよりしようがないので頼みに行った。すると教祖は、子供をひったくるようにして抱きかかえ、『おー可哀想《かわいそう》に、可哀想に』と言うてジーッと見ておられたが、やにわに舌を出して瘡の上を端から端までなめてくださるやないか。それを見た時、わしはゾーッとした。人間の親でも、そんなことはでけん。そんな、親にもでけんことをしてくれたのは、神さんよりほかにない。あの人は人間やない。ほんまの神さんやと思うた」

この子供さんは一週間か十日経《た》つうち、ポロポロと皮がめくれて、すっかりご守護いただいたとのことですが、平四郎さんは、その有難さが終生忘れられず、「誰が何と言おうと、あの人は神さんや」と言ってやまないのです。

瘡をたすけられた子供は、のち平等寺《びょうどうじ》村のほうへ縁があって嫁ぎ、八十歳近くまで寿命を頂いて、十数年ほど前に出直されたそうです。あれこれ考えてみますと、教祖によって直接おたすけいただいた方は、七十、八十と長生きしている人が多いことに気づきます。本当のおたすけは、ただ目前の病気のおたすけだけではなく、そういう姿も含まれていると思うのであります。

温い親の息

女性の身で本部員を務められました増井《ますい》りん先生は、女丈夫と言うべき人で、晩年でも男まさりのきびしい仕込みをされました。さすがに九十歳を超えますと、衰えがあるように見受けましたが、本部詰所におられる時、若い人に一つ事のように言われていたのは、雪の日に教祖のもとへ帰られた時のことです。

ある年の旧正月十日、恵比須《えびす》講の日であったといいます。朝から雪がチラチラと降っていましたが、午後からはさらにひどい吹雪になりました。その中を、りん先生が河内《かわち》から歩いて道を急いでおられたそうです。

あとで聞いたところによりますと、ちょうどそのころ、教祖はお屋敷の窓から吹雪を眺めておられましたが、

「まあまあ、こんな大雪の日にも人が来るそう。あーあー、難儀やろうな」

と仰せられたそうです。そばの人が不思議に思っていると、やがて、りん先生が到着。教祖にお目通りしてご挨拶《あいさつ》申し上げると、教祖は、

「危ないことであったやろう。しかし、神が連れて帰ったのやで」

と仰せられ、

「さあ、この雪の中、寒かったやろう、寒かったやろう」

と手を握って、ご自分の手でこすってハアッと息をかけ、またこすって息をかけられました。

りん先生は昔のその日のことが終生忘れられず、そのご恩に報いるために生涯お道を通りぬかれたのです。晩年になればなるほど思い出されてくるのは、その日のことばかりで、あの時の教祖の体温、息の温《ぬく》みを今なお、この

手に感じると言っておられました。

お互いどんないいお話を聞いても、知っていても、いよいよ最後にそのものズバリを一つだけ言えという段になったら、教祖に瘡をなめていただいたこと、手を温めていただいたことに尽きると思うのです。そこに信仰の真髄があると思うのです。

私にもそれに類する思い出があります。十八歳の時、私は重い心臓脚気《かっけ》になって、全身動けなくなってしまいました。その時分は親神様もよくわかりませんし、自分では大学へ行って勉強したい一心でしたので、残念でなりません。その時、父の頼みによって高井猶吉《たかいなおきち》先生がお運びくださって、

「おまえはなあ、七つの時に母親に死に別れ、今十八歳。これからという時に生き死にの大病を病まんならん。どう考えてもいいんねんのいいもんやと言われん。今が大事な時や。大学へ行って勉強するという心を捨て、これから一生お屋敷の庭掃除をさせてもらおう、それで結構やという気にならんかい」

と言われました。そんなこと考えもしなかった私は生意気に、

「昔の人はそれでよかったかもしれんが、私が四十、五十になったら、天理教は大きくなっているし、大学出の百人や二百人は本部にゴロゴロしていることでしょう。そんなになったら私など話もでけんことになります。中学出ただけではお話にならん。それくらいなら死んだほうがましや。たすけてほしゅうありません」

「そんなこと言うとると、命がなくなるぞ」

「私の命です。どうなろうと余計なお世話です」

「そんな心ではおさづけもしたらへんぞ」

「していりません」

とうとう高井先生は、あきれて帰られました。そのあとで父が私に言うてくれました。

「おまえがそんなにまで勉強したいのなら、大学へ行かしてやる。どうせわしが出直したら、この家はおまえのもんや。そんなら今のうちに好きなようにしたらいい。全部おまえにやる。カマドの灰まで使え。それを学費にして勉強したらいい。わしは一生、何とか本部においてもらえるやろうから、わしのことは何も考えてもらわんでもええ」

　カマドの灰までおまえにやる、と言われると人間、妙なもんで、その一言で参ってしまった。今出直してすぐ生まれ替わってきても二十年は遅れる。それくらいなら今生きているほうがいい。大学など行っても行かんでも大した問題ではない、と急に思いが変わり、すぐ高井先生を呼んでもらいました。

　先生は息のさづけを戴《いただ》かれた方であります。息を胸元からハアーッとかけてくださいました。私は今でも目をつむると、その時の先生の息を感じるのです。もう年寄りで、入れ歯ですし、歯をあんまり磨かれんらしくて、いい匂《にお》いではなかった。しかし、その匂いが生涯忘れられない。いつまでもなつかしいのです。そしてこの息の匂いの中に、おたすけとはこんなものかと感じ取るのです。

おさづけは直肌に

　本部に勤めるようになり、玄関においてもらっていたころ、二代真柱様が旧制大阪高校へ入学されました。最初はおぢばから通われておりました。二代真柱様は自動車にも人力車にもお乗りにならず、馬で駅まで行かれる日課でした。馬が通りますと人は、道をよけてくれますが、後ろから私が自転車で追っかけていては、よけてくれませんので遅れます。そこで、人通りのない脇道を一生懸命走って駅まで急いだものですが、そのころのことです。

朝早くおたちになるのですが、どんな日でもご母堂様（初代真柱夫人・中山たまへ様）が玄関までお見送りに出られ、「早《はよ》う帰ってきいえ」と一言、言われます。母と子の情愛のこまやかさと申しますか、何とも言えん心温まる大和《やまと》言葉です。

それを耳にするたびに、当時私と共に玄関に勤めていた駒谷《こまたに》さんと二人で、「お互いにわしらも一遍でもええから、ご母堂様から『早う帰ってきいえ』と言うてもらいたいもんや。言うてもろたら死んでも本望や」と話し合ったものです。

それから三年勤めて大正十四年に、高知の教務支庁へ書記として赴任することになりました。最後の日に茶の間におられたご母堂様にご挨拶《あいさつ》に出ますと、同じような声で「西村はん、早う帰ってきいえ」と言われました。三年間勤めさせていただいた最後の日に、そのお言葉を頂いたことは、私の終生忘れられぬ喜びであります。

今になって考えますに、おたすけとはこれやなあと思うのです。これが先輩先生にはあった。これというお諭しをしなくても、一言のはなし、一遍のおさづけで不思議にご守護があったのは、それだけで心の奥底まで通じるものがあったからだと思うのです。

さて、このおさづけの取り次ぎに際しては、「肌近《はだぢか》、直肌《じかはだ》」ということを聞かせていただきます。それが本位であります。お話の取り次ぎも息がかかるくらいに近くでする。そうしたところに本当の、心のふれ合いが生まれてくるものと思います。

別席制度の始まったころは、別席のお話は取次《とりつぎ》の先生方のお家《うち》へ聞かせてもらいに行かれたそうです。これは辻忠作《つじちゅうさく》先生のお家でのことですが、熱が入ってくると先生の身体《からだ》はだんだん前へにじり出て、聞かせてもらってる者は後ろへさがる。だんだんさがって襖《ふすま》までくると、もうさがれません。目の前の先生は、年が寄っていますし、歯が抜けているし、口が開くたびに唾《つば》がまともにかかります。そうなると、こちらは話を聞かせていただいているのやら、何してるのやらわからんというようなもんです。しかし、それが忘れられん。その唾を通じて信仰の醍醐味《だいごみ》を沁《し》み込ませてもらったのでしょう。非常識と言われようが何と言われようが、一生懸命になれば何もかもが、きれいに治まることを教えてもらったのです。

　これに関連して思い起こされることの一つに、京都の斯道会《しどうかい》、今の河原町の部属の宇野猶人《うのなおひと》という方のお話があります。宇野さんは大垣《おおがき》の初代会長・藤江半之丞《ふじえはんのじょう》先生の親戚《しんせき》で、その勧めで初めておぢば帰りされた時のことと聞きます。おぢばでは村田の豆腐屋の宿に泊めてもらいました。その日は二十人くらい宿泊者があったそうですが、その中に子宮癌《がん》のご婦人がいて、とても臭い匂《にお》いがするのです。ご本人はそれを気にしてはいますが、身上が苦しくてたまらんから、こうして帰ってきたのです。

　その晩、伊豆の林さんという人が居合わせていましたが、林さんが、

「おまえか、臭い匂いをさしているのは。よし、わしがおたすけさしてもら

おう」

と言われるので、ご婦人は畳の上に仰向《あおむ》いて寝た。そのまわりを一同が取り巻いて添い願いをする格好になりました。そばに座った林さんは大きな声で、

「結構なおさづけを取り次ぐのに、着物なんか着たままで、何と心得とるか」

と言って、着物も腰巻きもパーッと取って、素肌に取り次がれました。そのころ宇野さんは信仰していなかったので、この光景を見て、何と無茶なことをするものだと、唖然《あぜん》としたそうです。ところが一晩休んだら、その一夜で匂いは消え、びっくりするほどよくなったので、ご婦人は涙を流して喜び、一同も感激しました。

「その姿を見て、私は帰る時、装束や神様の道具一切を、揃《そろ》えて買《こ》うて家に向かいました。これが私の信仰の始まりです」

とは、宇野さんの言われたことです。そして「あの晩のことだけは忘れられん」と、あとあとまで口癖《くちぐせ》のように言っておられました。

信仰に信念もって

非常識と言えば、筑紫《ちくし》の福原惣太郎《ふくはらそうたろう》先生もそうであったでしょう。先生はよく、

「子供に満足させてやってくれという教祖の一言が、わしの胴身《どうみ》にズシンとこたえた。あれは本当の親でなければ言えんことや。教祖はやっぱり神さんやと、わしは信じた。ただそれだけで、わしは今日まで通ってきたんや」

と言っておられました。


私は福岡教務支庁に三年いましたが、筑紫系統の人が集まって一杯飲むと、「わしもやられた」「おまえもいかれたか」と、先生の話が出るのが常でした。何のことかというと、先生は何かというと、時には十時間も十二時間もぶっ続けに話をされるので、みんなが「ほどほどというものがある。あれではあんまり非常識だ」とこぼしておったそうです。しかし先生は、誰が何と言ってもやめません。

「わしは元一日に聞かされた、子供に満足させてやってくれという、それ一

つに惚《ほ》れ込んだんや。満足さしてやるとは何か。飯でも酒でも腹いっぱい食わしたら、あとはどんなに勧めても、もう結構と言って断る。それ以上勧めると逃げ出すやろう。あれが満足したという姿や。お話でも同じことである。わしの目の前に座っている間は、まだ聞きたいという心があるのや。満足しとらんのや。そこで、わしは話をする。人の心は知っておるが、わしは満足させてやらねば自分の役目が勤まらんと心得とるのや。だから、みんな帰ってしまって一人も前にいなくなったら、その時初めて『神様、有難《ありがと》うございました。今日も一人残らず満足させることができました』とお礼を言うのや。これがわしの信条や。これはやめろ言われてもやめられん」

と言われた。

これは非常識かもしれませんが、その信念の中に、脈々として流れる親と子の情愛を感じるのです。このように相通じているものがあれば、いざという時、一言でご守護を見せていただける道が見えてくると思うのです。

私事を申して恐縮ですが、私が昭和十四年に福岡から本部に帰ってきたころの話です。

　父が生前、琵琶《びわ》分教会の会長を持たせてもらっていたことがありましたが、部内に中村ウメという婦人がいました。ご主人は布教熱心な方で、おさづけの理を拝戴《はいたい》して以来、取り次がなかった日は一日もないというくらいで、教会名称の理も戴《いただ》かれましたが、その人が突然、出直されたのです。残されたウメさんは、今の今まで頼り切っていましたので、そのあとどうするか心を悩まし、それが元で心臓病になり、当時、別所にあったよろづ相談所へ診察してもらいに来ました。ちょうどその病院で、私とバッタリ会ったのです。

　この人のことは父から聞いていましたし、心にかかるところもあったので、様子を聞きますと大分悪いらしい。

「医者はどう言うのや」

と尋ねると、上級の会長さんが付き添っていまして、

「絶対安静と言われました。本人は今日ここへ来るのも、やっとです」

と言われます。その時、心に浮かんだままを、とっさに申し上げました。

「それは医者の言うことや。神さんが言われたことやない。そこをどう悟らしてもらっておるのか。絶対安静といえば、あんたは身体《からだ》の安静のことと悟

っているやろう。しかし、本当の安静というのはそうやない、心の安静のことや。それよりほかにない。それさえわかったら薬も要《い》らん。ぐずぐずしとらんと、さっさと戻れ」

　この一言がズバッと心に入り、ウメさんは、そこからご守護いただく道が開け、今でもお元気です。そして、

「先生の顔を見たら、あの一言でたすけてもろうたと、それを一生忘れません」

と言われる。かというて私が、どんなことをしたかというても、それほどのことをしたわけではないのです。これ一つ見ても、心と心と通じるものがあったら、あとは問題ではないと思わずにはおれんのです。

　心と心が通じておりさえすれば、たすかる道は必ず開けてくる。それを信じて一生懸命おたすけさせてもらう、おさづけを取り次がせてもらう。教祖九十年祭や、百年祭やと言いますが、どんな時でも、それさえ考えておればよいのです。そうすれば親神様は、どんな守護もしてくださいます。それがないから、ほかのことに心を奪われ、思ったほどご守護いただけないという

結果になりやすいのではないでしょうか。一挙に形の上に大きなご守護を頂くことを念願して奔走する前に、どうすれば親神様・教祖に喜んでいただけるかということを、よく考えてかかりたいと思います。

形より真実の心で

　形の上のご守護と申しますと、たとえば大病人のおたすけは、一発勝負でご守護いただくということはむしろ少ないわけです。こういう大病人のおたすけに際し、皆さま方はどのようにお願いされているのでしょうか。三日三《みっかみ》夜《よさ》のうちにご守護いただきたいと願っておられるのか、あるいは大難を小難にというふうに願っておられるのか、その辺のところを聞かせていただきたいと思っております。

　昔の先輩先生方は、いかな大病人にも、三日三夜の間にご守護いただきたいと願われたと聞いていますが、未熟なおたすけ人の場合は必ずしも、そうはいきにくい面があると思います。「わしみたいな者が……」という、頼りない心の者がお願いしても、病人が「ほんまにたすかるやろか」と心の中で思う。こういうことになれば信頼する筋も通らんわけですから、なかなか願いどおりにはならんと思うのであります。

私の場合、近ごろでは方針を変えております。大病人のおたすけに毎日運ぶ場合、初めから形の上の大きな守護を願うというのではなく、日々の小さな心づくしを大切にして、それから片付けてゆくよう心がけています。

ですから、たとえば「今晩楽に寝《やす》めるようにお願いするわな」と申しておさづけを取り次ぐと、先方も願いの筋がはっきりわかりますし、それくらいならご守護いただけると思ってくださる。大病人が一晩眠られたとて、大勢にどんな影響があるかというようなもんですが、やっぱりおさづけしていただいてよく眠れたというと、神様は有難いと思う心になり、その人の心は開けて、尊い理がその人の胸に治まることにもなります。人の心の扉をまず開いて、だんだんの理を取り次がせていただいて、心の成人をしてもらうことが大切と思います。自信もないのに、いきなり医者の手余りを三日三夜でと願うのは、どうかと思われることもあるのであります。

それにつけても思い出されますのは、牛若丸と弁慶のたとえ話です。ある時、二人が一升の米をつぶして糊《のり》をつくる競争をしたといいます。牛若丸は少しずつ、すり鉢に入れてつくっていきました。それを見ていた力持ちの弁慶は、そんな回りくどいことではダメだと考えて、一升丸ごと入れて力ずくでやりましたが、なんぼやっても糊にならなかったと申します。

そこに私は〝一日生涯〟という気持ちを考えたいのです。大きなことは一挙に成るものではありません。小さいことの積み重ねから大きなことができてくるのです。おたすけにしましても、目標は世界たすけでありましても、その足どりは、あくまで一対一というのが根本基準です。一対一では小さい、とても間に合わんというようなものですが、そう思うのは人間心であって、一は必ずしも小さくないのです。いかなる大きな教会も一から始まっており、それを積み重ねた結果、できてきておるのです。

同じく神殿おたすけ掛の柏木庫治《かしわぎくらじ》先生が、よく申されることですが、

「わしは三十五の齢《とし》に入信し、三十五年経《た》って大教会にさしてもろうた。この三十五年間に、これだけはわしが手がけて成人してもろうた人やと、自他

共に得心して認め合える人は、たったの七、八人しかおらんのや。わしが、神様は有難い、お道は結構やといつも言うのは、たった七、八人の人を一生懸命育てているうちに、いつの間にか神様は大教会にしてくださったということや」

と。なるほど、こういう考え方・受け取り方もあるのかと感心させられました。

私もこの話は本当であろうと思うのであります。それを考えたら私たちは、ややもすると心焦って、一遍に数カ所の教会をつくることを望んだり、いろいろ思うことは大きいのですが、かといって足もとをおろそかにしていては弁慶と同じことで、何年経っても糊にはならないのです。牛若丸のように一粒の米でも念を入れてやれば、早く、かつ確かなものができてくる。これが天の理であろうと思うのであります。

特に、布教所の一つも持たせてもらい、名称の理も預からせていただくようになりました者が一番心配なのは、はたして役員さんや信者さんが、自分についてきてくれるだろうか、ということではないかと思います。そうしていろいろなことに当たらせていただいているうちに、知らずしらず成人させていただくのではないかと思います。

何事もない平素の時はよいのですが、一度事情のもつれが起きたり、感情的な対立に出合ったりした時、お話だけで意気投合してついてきてくれている人たちは、ややもすれば心が離れて遠い人になってしまう場合が多いようです。そんな時、少々の事情が起きても、意見の合わない時があっても、最後までついてきてくださる方は、どんなに有難いかわかりません。そういう人たちは、今までに一度でも真実の心で、おさづけを取り次がせていただいた方の中からしか生まれてこないような気がいたします。

おさづけの理に込められた親心が、離れゆく人の心も切れることなく、つないでくださるのだと思う時、有難さがしみじみと感ぜられ、なお一層心を励まし、おさづけを取り次がせていただくことに専念させていただかねばならんと思案させていただきます。

親神様の理

くにとこたちのみこと

この世初まりの守護

たん〳〵となに事にてもこのよふわ
神のからだやしやんしてみよ　三 40・135
このよふのぢいと天とハぢつのをや
それよりでけたにんけんである　十 54

「この世は夜が初まり」と仰せられますが、「よ」とは〝もや〟という理であって、水気、温気の夫婦和合した姿を申すのであります。

この大宇宙の元初《もとはじ》まりは〝もや〟の立てこもったような姿で、これを「よ」と名づけられました。一寸先の見通しのきかぬ姿であります。これを俗に申せば「あのよ」と申すような理合いではないかと思います。これでは何の楽しみもないから、月日親神様はだんだんの守護により「この世」づくりのご相談をなさいました。この世とは人間が生きて陽気ぐらしのできる所と思案させてもらいます。

そこでまず、人間の住まいのできるような国床《くにとこ》をご創造くだされ、その国床に人間の子種を産み育ててくだされたので、元の父親なる神様のことをくにとこたちのみことと申し上げ、また母親なる神様は、その子種を腹に宿して日一日と身重になられましたお姿の上からをもたりのみことと申し上げるのや、と聞かせていただきました。

その子種については、教祖は、めいめいに一つずつ「まん丸いもの」を下されたと悟れ、と教えられました。まん丸はコロコロと自由自在に動きます。自由自在は一番よいものであります。それに、コロコロという働きの上から、口を一字抜いて「こころ」と名を付けてくださいました。月日親神様は人間の自由《じゅうよう》をかなえてやりたいために、教祖のお口を通して、このみ教えをお説き聞かせくだされたのです。

　また、ある人が「この世の初まり、この天地間に、神様の根本のお姿と申しますると、いかようなお姿であられましたか」と尋ねられますと、「神は理やで、理が神やで。この世初まりの神様のお姿は、口に言うことは難しいなれど、まず言うてみたら〝もや〟のようなものやで。その〝もや〟というのは水―水気、火―温気の二つのものが夫婦和合したものや。水気、温気の二つのものが一つとなったものが〝もや〟やで、風やで」と仰せられたとのことであります。

　この上から申しますと、親神様のご守護は天上界、地上界、人間界のすべて一切のご守護の根源でありまして、天上界においては、人間世界をお守りくださる月日となってお現れくだされ、また地上界にあっては、教祖こそ広く人間の心の成人の上にお働きくださる、地上の月日であらせられるのであります。この理の上から、教祖を月日のやしろと申し上げて、お慕い申しているのであります。

親神様のお心は、子供可愛《かわい》い一条であります。教祖のお心もまた、その親心の上から永《なが》の年限、子供の心の成人の上に、幾重のお心づくしをなしくだされているのであります。

天理にかなう息づかいが大切

人間にとりまして、一番尊いものは生命であります。生きるということでありますそして人間は、呼吸をしなければ生きてはいけません。

生きるとは「いきする」のすを抜いて、いきる、と教えてあると言われます。昔の先生のお話の中に「大きくつくからお月さん、大きく引くからお日さん、と親神様をお呼びするのやで」と聞かせていただいたことがあります。まことに心温まるお話で、「息一筋が蝶《ちょう》や花である」（明治27・3・18）とも聞かせてもらいます。

その息づかいですが、口を丸く開けて息を吐くと暖かい息が出ます。ものは暖かい息で育ちます。暖かい陽気で万物も成長するのです。口をすぼめて息を吐くと寒い風に変わります。だから暖かい息をかける、声をかけることが大切で、風をかけると、ものは吹き飛びます。信者も逃げていってしまいます。ある先生は、風邪をひくのは人の悪口を言うからや、陰で人をそしるからや、と言われましたが、風邪をひくと隙間風《すきまかぜ》が一番こたえますね。なるほどと思います。

親の身になってみて、わが子が悪口言われ、そしられたら、その親はどんな気がするでしょう。人間の親であられる親神様も、人の悪口をどんなに苦にしておってくださるやら、と思うと、よくよく慎まねばならぬと存じます。

風邪は万病の元と言われますが、せっかく教えられた親切心も、吹き飛んでいってしまいます。親神様のお心にかなうような心づかいを、理にかのうた心づかいと申します。神は理や、理が神やで、と仰せられます理にかなう、すなわち天理にかなうことが大切であります。天理にかなわざる者は、必ず滅ぶものと悟るべきでしょう。

天理王命とは

天理王命とは親神様の御名であります。天理とはまた「月日のこころ」と悟ります。この人間世界は「月日のこころ」によってはじめられたものであります。親神様は、この世界を天理という定規でご創造くだされました、元の神・実の神様であります。

人間身の内では両手・両足をつくり、人間ご創造の時の道具雛型《ひながた》に配せられた十全の守護の理を象《かたど》って、おのおの指は十本ずつ付けてあると聞かせていただきます。この身の内のお働きの理が、さらによくわかるようにと、ご守護の理に十柱の神名を配してお教えくだされたのであります。

くにとこたちのみことの御理は、天にては月様、人間身の内の眼《め》うるおい、世界では水の守護のお働きを申すのであります。この世は神のからだと仰せられ、地と天とは実の親ともお教えくだされまして、人間は、いわば親の懐《ふところ》住まいをさせていただいているのであります。人間が生きてゆくためには、地と天とは無くてはかなわぬのであり、この大地には人間の永遠に生活してゆくための宝物（資源）が無限に収蔵されているのであります。

　これは次に申し上げますが、まずそれより先に、天ということについて申し述べます。普通われわれは、天のことを大空とか空と申しております。空はカラということで、何もないという意であります。世上でも〝上見ればほしいほしいで星だらけ　下見て通れ星はないぞや〟と言われますが、天は親神様のお住まい場所でありまして、下から眺めますと、見えるのはお星さんだけであります。

　昔の先生から、「この世から出直させていただきますと、人間の本心が天を貫いて星となる。星とは本心という理である」と教えられました。「この世でよいことをして光り輝いた人の本心は、天に帰っても光鮮やかに照り輝いて地上の人からも喜ばれるが、あまりよいことのできなんだ人の本心は、天の片隅でかすかな光しか放たんのやで」と教えられました。

　人間の身の内で、目は一に眼《がん》と申しまして、一番大切な働きであります。目の働きから自分自身の方針を決定し、心定めを確立する道具であります。目の働きから申せば、目は自分の思う方向は上でも下でも横でも自由に見ることができますが、教えの理から申せば、目は正面から下のほうに向けることがよいと思うのであります。あまり上目や横目を使うことは感心いたしません。今日恐ろしい交通事故は、ほとんどと言ってもよいほどに、上を見たり横を見たりと、脇見運転するのが事故の元であります。

人間生活の中でも、どうしたら人より多く儲《もう》けることができるやろう、どうしたらうまくゆくやろかと、あれこれと、いろいろなことに目を向けて、手を出す人があります。細君が心配して「あなた、あんまりいろいろなことに手を出しなさんな。損するだけですよ。今のままで私は十分結構と思いますが」と申しましても、主人のほうは言うことを聞かず、いろいろなことに手を出し、一儲けをたくらんでやってみます。そして、損をして失敗に終わりますと、細君は「そら見なさい。言わぬことやない」と申します。子供に対しても、親の言うことを聞かず勝手なことをして、怪我《けが》でもすると「そら見てみい」と言うでしょう。

空を見るより、大地をしっかりと見つめて通るほうが怪我はありません。

「怪我をするというのは、『おまえ、そんな間違ったことを考えているのか』

と、神様からけなされているのやで。けなすというのが怪我の元や」とも聞かされました。

このごろでは教会内でも、ろくろくお役に立つようなご用もせず、理屈をこねて上級や会長の不足を言って、けなしているような人も間々ありますが、こういう方がもしありましたなら、ご自分が交通事故に遭《あ》わぬように、まずご用心が肝要ですね。

目のつけどころを考えて

物を見ればすぐ、あれがほしい、これがほしいという心は、「ほしいのほこり」と教えられ、天の月様のお心に沿わないことになります。家族連れで百貨店へでも行って、高価な品物や美しい着物など、たくさん並べられてあって見とれておりますと、袖《そで》を引かれて「早《はよ》う行きましょう、目の毒やで」と注意されます。目に埃《ほこり》の入った時ほど困ることはありません。しかもその埃は、ホンのちょっとしたものでも困りものです。特に、あまりよくないことに目を使うのは「あたかも埃が目に入ったも同じこと」と教えられます。

「ほこりはよけて通れよ。ほこりにさかろうたら、自分もまたほこりをかぶらにゃならんほどに。決してほこりにさからうやないで」

とも、また、

「さあ〳〵悪風に譬《たと》えて話《はなし》しよう。悪風というものは、いつまでもいつまでも吹きやせんで。吹き荒れている時は、ジッとすくんでいて、止《や》んでから行くがよい。悪風に向こうたら、つまずくやらこけるやら知れんから、ジッとしていよ。又《また》、止んでからボチボチ行けば、行けん事はないで」

とも教えられますが、大抵の人は、その悪風の止むのが待てんのではないかと思います。

世上でも〝本降りになって出てゆく雨宿り〟とか申して、主人が本降りに荒れている時に、それに立ち向かっていく女房もおります。あげくの果てが、出るの入るのと離婚さわぎにもなります。古老の先生の話に「昔は大雷雨の時や大風地震などの時は、村の鎮守の宮様に氏子が皆集まって、うずくまって天の怒りの鎮まるのを待ったものや」と言われたことを思い出します。

目のつけどころは、人さまの喜ぶこと、人さまのたすかることにつけて、見定めつけて通らせていただきましょう。教祖は生涯、ご自分のことは顧みず、常に相手の身になって物事をお考えくだされ、お通りくだされたのでございます。

天の月様のみ心にかなうわれわれの心の使い方は、常に感謝の心の起こるような心がけ、常に人さまに対しお礼の心を忘れぬように通らせていただきますればよろしいかと存じます。それがおのずと「かしもの・かりものの理」をわからせていただく元になるかと思います。それをまず、ご自分の家庭内で、特訓に励んでいただきたいと切望いたします。親子・夫婦・兄弟、互いにこの心で通らせていただきますならば、家庭内はどんなに温かく楽しいことでしょう。

人間と世界は同じ理

人間一人のこの身体《からだ》は、世界と同じ理であると仰せられます。

常日ごろ教祖は、「世界中の事、何わからんとは言わん。何でも聞いてみよ」とよく申されましたそうで、ある方が「ちょっとお尋ね申し上げますが、われわれの住んでおりますこの世界（地球）は随分広いことでございましょうな。一体どれくらいの広さがございますか」と尋ねられますと、教祖は「われわれの住んでいる、この世界は広いで。ちょうどなあ、人間が両手両足を広げただけの広さがあるのやで」と仰せられました。

その人はびっくりして、「そんなこと、われわれが両手両足を広げても、五尺四方ほどしかありません」と怪訝《けげん》な顔をしておりますと、教祖は「そこやで。心静めて私の言うことをよく思案してみいや」と仰せられまして、次のようにお話しになりました。

「われわれの住んでいるこの世界も、われわれの身体も、共に熱（温《ぬく》み）があるので動いているのや。温みがなくなったら動かぬようになる。同じことや。それを支えているものは、地球では岩石や。人体では骨や。これも同じ理や。骨は肉で覆われ、岩石は土で覆われている。人体を養《やしの》うているものは血管や。地球を養うているものは水脈や。どこを切っても血が出るやろ。どこを掘っても水が湧《わ》いてくるやろ。同じ理や。人間の表面には、どこにも毛やうぶ毛が生えているやろ。地球の表面の草木も同じことや。歯や爪は、地球の岩石の中から出てくる鉱物も同じ理や。人間も息（呼吸）をして生きている。地球の潮の干満は月日の呼吸や」

と教えられ、また、

「女の月のものは、草木にたとえようなら花やで。花が散ったら実が成るやろ。花がある間は実がのらん。女のアレが止まって、お腹《なか》に実が成る（妊娠）のも同じ理や。また人間急所から出る温かい水《もの》は、温泉も同じ理や」

と教えられました。人間もこの世界も、火―温み、水―水気が元であって、万物は皆この守護によってできているのであり、温気、水気が和合して、二つのものが一つとなったものが〝もや〟となり〝かぜ〟となります。風とは神の働きを示すお姿とも申すべきでしょう。

火、水、風こそ月日親神様のお働きくださるお姿で、元の神・実の神のご守護の根源であります。

水の守護

天の月様、親神様のお心と申しますか、お働きの理は、常に天から人間の住む下界をご覧になって、どんな谷底にあえいでいる者でも、一人残らずたすけ上げたい慈悲のお心であります。子供可愛《かわい》い一条の慈眼（地眼）をもってお見守りくだされているのであります。よふぼくたる者は、明けても暮れても、そのお心を胸にしっかりと治めて、まず自分自ら喜びに満ちた心で通らせていただきますれば、親神様もご満足くだされ、それが水の心にかない、その心の理で人の心の濁りを洗い清めさせてもらうことができるのであります。

よふぼくの心定めは、どんなに物質的に落ち切っても結構という心の定まったのが真のよふぼくであり、その心あってこそ、「谷底せり上げ」と仰せられますお心にかなったご用をさせていただくことができるのでございます。

水というものは下へ下へとくぐるもので、桶《おけ》の底に少しの小穴がありましても、水は下へ漏《も》れてしまいます。下へ下へと潤いを下げていきます。今日一日の食べ物に事欠く人、今日一日の生命《いのち》がもたぬという場合は、寸時もほってはおけません。これはもはや最低、どん底と申すべきであります。その者からたすけたいのが月様のお心であります。

ちょうど布教のかかりと申しますものは、ささやかな木の葉のしずくが寄り集まって、ようやく手ですくうくらいの水たまりができ、さらに集まり流れて杓《ひしゃく》ですくうくらいになる。そうして順次に水かさが増して、バケツですくえるようになりまして、一荷の水も運ぶことができるようになるのであります。それを初めから一荷の荷にも等しい量を運ばせてもらおうと思っても、それは無理と申すものであります。

初めから、よい信者がついてきてくれんかいなあ、あそこの教会にはよい信者がついてるから、なんぼでもご用ができるんや、などと考えている布教師があったら、それは一番遅れてしまいます。その心が親の心に沿わぬのであります。

身上・事情は道の花と心得、上目を使わずじっと大地に目をつけて、慈眼を向けて、谷底に全力を傾ける勇気を奮い起こしますならば、親神様のお心にかない、必ず喜ばせていただけるお働きを見せていただくことができるのであります。水は落ち切れば上昇するものです。

雨乞いについて

水の守護の上から、雨乞《あまご》いのことについて少し申し上げましょう。明治十六年の雨乞いづとめのお話は、別席でお聞かせいただかれて既《すで》にご承知のことと存じますが、その結果、思わぬ難儀がかかり、教祖は警察に御苦労くださることになり、お弟子の方々も共に警察へ連れていかれ大変でありました。

その後、またまた雨乞いを願いに来た者がありました。その時は取次《とりつぎ》の方を通して聞き届けた旨のご返事がありましたが、おつとめも何もなさらなかったそうで、それから一向に雨は降りませんでした。しかし、朝早く田の畔《あぜ》を回ってみると、夜露がその辺だけ十分に下がって、着物の裾《すそ》がベトベトになるくらいだったそうです。雨は降らなくても収穫は十分にありましたそうで、神の自由《じゅうよう》をお示しくだされました。月様のご守護は夜露の働きとなって、水の守護を下されたのであります。

誰もが寝静まって知らぬ間に下がる夜露の理こそ、親神様の、子供の上を思う真実の慈悲であり、陰のお働きと申すべきで、万物はその理を頂いて、昼にお天道さまのお光を頂き温められ、乾かしていただいて草木も立派に育つのであります。誰も知らぬ陰の働き、この理がまことに大きなものでありまして、陰の働きを陰徳と言い、陰徳を積んだ者には必ず陽報があるのでございます。

お日様のお照らしは、まことに有難いものでございますが、この時は人は皆、起きて働いておりますから、ご守護は十分にわかるわけです。「今日は、結構なお天気さんで」と日様にお礼を申しますが、「昨夜は結構な夜露のお湿りを頂きまして」と、誰も挨拶《あいさつ》いたしません。時たま「今日は結構なお湿りで」とか、「よい雨や。お百姓さんは喜んでるやろ」と申すくらいで、雨の日は傘屋以外はあまり喜びませんね。

人も、よいことをしても、褒《ほ》められたり礼を言ってもらったら、お返しを受けたも同じになります。陰で誰にも知られずによいことをすれば、「ご苦労さん」とお返しがありませんから、これは丸々陰徳となって、天の神様の帳面に書き入れていただいて、いつか旬が到来すれば、結構な花が咲き実がのるのであります。人はその花を見て、実の成った姿を見て、うらやましそうに「結構ですなあ」と挨拶してくれます。するとその人は「おかげさんで」と礼を言います。

誰も知らない夜の十二時に蒔《ま》いた真実の種は、昼の十二時に真方照《まっぽう》らす姿となって、暗い影は一つもなくなるのやと聞かせていただきました。人の知らないところでよくないことをたくらみ、または勝手なことをしておきますと、その種は必ず勝手違いとなって表に現れてくるのであります。商売でソロバンをはじいて、これなら損する気づかいないと思った仕事が思惑はずれになったり、勘定合って銭足らずというような結果になります。お互いさまに何とか後味のよい通り方、後ろ姿のよい人にならせていただきましょう。

夜の十二時の理合い

夜の夜中と申しまするは、しん定め、真実定めをさせていただく大切な時刻でありまして、昔の人は夜の十二時を「ねの刻」（根の刻限）と申しました。この刻限が、一日《ついたち》が二日に、一月が二月に、一年が二年目と変わる大変な仕切りであります。この刻限に真実もって仕切り根性を定めて、正根《しょうね》を入れて思案させていただくべきであります。お話を聞かせていただきましても、上の空では何にもならん。正根を入れて聞かせていただかねばなりません。私の父などは、大事な願いごとの時は必ず、夜半を待ってかんろだいにお参りいたしておりましたのを記憶しております。

教祖は晩年、集まってくる人たちに「昼は世上がやかましいから晩においで」と仰せられて、お話はいつも夜の十二時からお始めになったとのことであります。毎夜お話を聞かせていただきに集まる人の中に、高井猶吉先生がおられました。この方が、秀司《しゅうじ》先生のご用か何かでお使いに出かけられまして、遅くなって、その夜は間に合わず欠席せられました。次の日の夜、いつものとおりお話を聞きにまいられますと、教祖は「猶吉さん、あんた夕べは来なんだなあ」と皆の前で仰せられました。

すると、高井先生は「ハイ、まいりませんでした」とだけで、何らの言い訳もなさらなかったのです。普通の人なら必ず、自分が不熱心でサボったのでないということを、上手《じょうず》に言い訳をしたいところですが、それをなさらなかった。すると教祖は、その心を大変うれしくお受け取りになりまして、高井先生は一層、教祖から可愛《かわい》がられるようになりました。何言わいでも教祖は見抜き見通しで、よくご存じであられたのです。

この方が、あとになって教祖から直々に「息のさづけ」と、たすけのために赤衣《あかき》を頂戴《ちょうだい》なさいました。お話の中でよく「何言わいでも」という言葉を使わせていただくことがございますが、全く何言わいでも神様は、見抜き見通しでご覧くださされているんだという確信なくして、よふぼくはご用に励むことはできません。

また、これもある時のこと、毎夜運んでいるのに、十二時になってもお出ましのない日が続きました。様子をうかがうと、教祖はよくお寝《やす》みの様子であります。だんだん待ち切れず、一人減り二人減りして、一週間も経《た》つとたった一人になってしまいました。すると襖《ふすま》の中から「誰々さんお入り」と、その人の名を呼ばれますので襖を開けると、教祖はちゃんと衣服をお召しになってお待ちくだされ、しみじみと結構なお話を、ただ一人で聞かせていただかれたそうでございます。神様は時折、われわれの心をお試しになることがありますすから、ご用心なさいませ。

神様は「この世は夜が初まり」と仰せられ、夜半こそ親神様の理合いの深い時刻であります。太陰暦（旧暦）で申しますと、毎月の二十六日は真の闇夜に当たりまして、真の闇夜にも等しい紋型もないところから、この世・人間世界をおはじめくだされた元一日の理合いの日で、毎月二十六日は親神様のお祭り日と定められました。月日のやしろにておわす教祖の御理も、「夜に出て昼に治まる」と仰せくださる御理と一つ事、同じ理でございます。

真実つくす心が大切

われわれの蒔《ま》かせていただく「ものだね」もまた、誰にも知られず、褒《ほ》められずとも真実の種を大切に蒔かせていただきますればよいのでありまして、これを「ぢばへの伏せ込み」と教えられます。物の種は、柿は柿、梨は梨と、決まったもののしか芽が出ませんが、伏せ込んだ「ものだね」は、いつ芽が出るかわかりませんけれども、われわれの〝いざ鎌倉〟というような時、自分の願いをかなえていただける、よろずのものの元種となって、自由《じゅうよう》をかなえていただけることになるのであります。人の目に見えない所で蒔いた真実の「ものだね」は、まさかの時は目の見えない人でも再び、この世で目を開けていただく理づくりともなるのでございます。

現代の人は、要求と批判に明け暮れしている人が多いのではないでしょうか。親の心というものは、子供可愛《かわい》い慈悲一条の心でありますが、子のほうは親を見たらすぐ、ほしいと思う心を働かすことが多い。思いどおりにしてもらえぬと、うちの親はけちん坊やと、欠点ばかり見て不足を言うようになる。信者も、会長や役員を下から見てほこりをつける。上の欠点を直してほしい、直してやろうと思う心は、ちょうど天井を掃除しようとするようなもので、埃《ほこり》は皆、自分の目に入ってしまう。

信心するというのは、まず自分の癖《くせ》・性分《しょうぶん》を教えの理によって改めていただくということが先で、人のほこりはよけて通ることが大切であります。それでなくば、自分もほこりをかぶらにゃならんことになります。

水の理である目の玉が澄んでおって初めて、光明《あかり》が映って、よく見えるのであります。濁らさぬように気をつけましょう。親を見て、心や目を濁らさなかったか、または色の道で濁らさなかったか、人の目をかすめるようなことはしなかったかと反省して、あの人は心のきれいな人やと言われるようになったら、必ず目のご守護を頂き、順次に理の見通しもできるように成人させていただくことができるのであります。「信心はなあ、深い心で、長い思案でするものやで」と教えられました。

洗濯の水は衣類その他の物をきれいに洗ってくれますが、その結果、自分は汚れ水となって捨てられます。人のほこりを自分が引き受け、人の難儀をわが身に引き受けて、人さまをきれいにさせていただくことがよふぼくの勤めであって、教祖は「はたらくとは、はたはたを楽さすことや」とお教えくだされました。これが親心にかなうのであります。

　教祖のもとへ運んでこられます方々の中にも、なかなか朝寝坊のやまらない方がありました。早く起きた側の人々が、あの人はいつも朝寝坊や、あれではたすからんと、悪口を言っているのを教祖がお聞きになりまして、「あの人は何も知らずいんねんに引かされて朝寝坊をしているのや。同じく運んでくる仲間同士なら、なぜ起こしてやってくれぬ」と、たしなめられたとのことでございます。親心の程を、よくよく思案させていただきましょう。

　よふぼくは、自分だけよい子になっておればよいというのではなくて、親切心と相手を思う真実心をもって「言いにくいことの言える」よふぼくにならねば、なかなか人はたすかってくれません。それでこそ親神様も、ようそこまで言ってやってくれた、とお喜びくださることでございましょう。

をもたりのみこと

身の内温みの守護

をもたりのみこと　人間身の内の温《ぬく》み、世界では火の守護の理について、お話を進めてまいりましょう。

この温みの守護でありますが、身の内の一歩外側ということになりますと、いかがでしょうか。春夏秋冬、朝昼晩と、時々刻々に温度は変化いたしておりまして、この変化する温みの守護に守られて人間は生かされているのでありります。この変化する温みの守護も、天が子供を守る誠であると思います。その変わる守護の中に、人間は一個の身上をお借りして生涯を営んでいるのであります。

ところが、この身の内の温みの守護となりますと、生まれてから出直しさせていただくまで、大体三十六度五分という平和の保たれた守護があればこそ、陽気ぐらしもさせていただくことができるのであります。変わる守護も誠であり、変わらぬ守護も誠であります。この火水風の不可思議な働きこそは、親神様の根本のご守護であります。天は水、大地は温み、この中で人間は生命を頂いているのであります。月日両神のお働きこそは、この世界一切の根源と申すべきでしょう。

　ある布教師の方が、連日熱が続いて、どうしても下がらず難渋しておられる方の所へおたすけに行かれた時の話です。仮にMさんと申しておきます。Mさんは「それでは、ただいまからお願いさせていただきます」と言って井戸端へ行き、寒い冬の日に丸裸になって、頭から何杯も何杯も冷たい水を浴びて一心にお願いをせられました。その様子を見て病人さんは大変に感激いたしまして、「私のために、まことに申し訳もございません」と恐縮いたしております。

　やがてMさんは衣服をまとって、部屋に戻ってまいりまして次のように申しました。

「私がなぜ水を浴びたか、おわかりでしょうか。あの冷たい水を何杯浴びましても、熱が下がるどころか、かえって今はポカポカと温かくて、とてもよい気持ちです。やがてしばらくすると、また元の平熱に戻ってしまいます。冷たい水を浴びても熱を下げることはできません。自分の体だからといって自由に熱の上げ下げはかないません。平熱よりも二、三度高いといって、その熱を水枕を使って下げたいとしても、人間の考えや力では、なかなか思うようにはまいりません。

神様の身の内のご守護を十分に頂いておりさえすれば、外の温度が暑かろうが寒かろうが、たとえ薄着していようが厚着していようが、ほとんどかかわりなく平静を保っていただけるのがご守護であります。それをお互いさまに、朝から寒かったのでゾッとして風邪をひいたとか、いろいろと理屈をつけてすませておりますが、この辺のところを、よくよく思案してみたいと思います」と。

おれは金持ちだから一般の人と同じような、三十六度五分というような半端な温みでなく、せめて三十八度か九度ぐらいの熱がほしいと言う人はありません。人並み以上に熱をあげようと言われれば、そればかりはお断りいたします、と言うことでしょう。日々に心変わりのない心づかいをさせてもらって、身の内の変わらざる温みの守護を頂いてこそ、何事も思うように振る舞わせていただけるのであります。

働くことに喜びを持って

この身の内の温みに変化の起きる場合を考えてみますと、非常に腹を立てた場合とか、悲しみの絶望に沈んだ場合とか、お教えいただいている「をしい」「ほしい」「にくい」「かわい」「うらみ」「はらだち」「よく」「こうまん」の強過ぎた心づかいが、その原動力であるように思われます。過労が元で風邪をひく場合も多々あります。〝過ぎたるは及ばざるが如《ごと》し〟とか申しまして、身の内は大切な親神様からのかりものでありますから、大切に感謝して使わせていただくように心がけ、おれが、わしがの我《が》で無理使いなさらぬようにお願いします。

身上は大切だからといって、おいしいものを食べ、楽をして通れというのではありません。見て楽しみ、聞いて楽しみ、匂《にお》いをかいで楽しみ、食うて味おうて楽しみ、手で持って楽しみ、足で運ばしてもろうて楽しみ、心勇んで使わせていただきますならば、その心が天の心にかない、ますます丈夫に達者に、自由《じゅうよう》かなえていただける心になるのでございます。

人間は働くために、この世に生まれてこさしてもろうていると考えるべきであります。働く楽しみを持つ人にして初めて、陽気ぐらしができることになるのでしょう。自分の携わる仕事に深き喜びと楽しみを持つことができるような、心がけ・気持ちというものは、どうして出てくるかと申しますと、教祖のお教えをしみじみと心に味わい、身につけて日々通らせていただくことが第一義であります。

この、もの喜びがありまして初めて、「はたらくとは、はたはたを楽さすことや」と仰せられた教祖のお心が素直に、しみじみとわからせていただけるのであります。

夫婦和合するということ

　ちよとはなし　かみのいふことゝきいてくれ　あしきのことはいはんでな
　このよのぢいとてんとをかたどりて　ふうふをこしらへきたるでな
　これハこのよのはじめだし

「ちょっとはなし、神の言うこと聞いてくれ。悪《あ》しきのことは言わんでな」とは、何という温かい親心でしょう。ちょっとでもよいから親神の言うことを聞いてくれ。親というものは決して、子供の不幸せになることや悪いことは言わないのであると、さながらむずかる子供をなだめすかすようにして、「この世の地と天とを象《かたど》りて、夫婦をこしらえきたるでな、これはこの世のはじめ出し」とお教えくださされました。

「この世は夜が初まり」と仰せられますように、夜とは「もや」という理であって、もともと、この大宇宙は「もや」の立てこもったような姿でありました。これを泥の海と仰せられました。この泥の海が人間の成人に応じて、海と陸、天地と開けたのであります。

この天地の理を象って人間というものをこしらえ、夫婦の道をおはじめくだされたのでありますから、夫婦はこの天地の縮図であると言えましょう。天だけでは用をなさず、地だけでもまた用をなさず、森羅万象《しんらばんしょう》は皆、この天地の間にあって、その恵みを受けて生成化育しているのであります。この理と同じく、男と女が夫婦和合することによって子孫が育ち、人類が繁栄してきたのであります。

天はいつも大地をにらみ、大地はいつも天をにらみ、互いに永劫《えいごう》にらみ合っているのであります。夫婦も、生涯連れ添った二人が別れることなく相愛して、にらみ合って通りますならば、これが一番結構なことではないかと思います。何遍も何遍もにらむ相手を変えなければならぬということは、あまりよいことであるとは申せません。

「二つ一つが天の理」とお教えくださいましたお言葉ほど、広く大きく意味のこもった味わいの深いお言葉はありません。たとえば潮の干満は、この大自然の生命の現れともうかがわれます。地球は生きているのでありますゆえに動いているのです。われわれ人間も、つく息・引く息によって生きているのであります。しかもこの二つ――つく息・引く息が一つとなって働くところに生命が生まれるのであります。

元来「一つ」というのは、中心の理であると思います。どんなものにもただ一つあるのが中心であります。お盆でも、中心を指で支えれば平衡を保って滑り落ちません。ちょっと考えると、中心を支えているのは指のように思えますが、実は支えている人の呼吸が乱れましたならば、お盆もまた、ころげ落ちることでしょう。呼吸によって支えられた心の働きが、お盆の落下を防いでいるのでしょう。

夫婦が呼吸を合わして初めて、一家は円満に支えられましょう。心の働きを調整することこそ、お互い人間にとって一番大切なことであります。まことに「心定めが第一」と仰せられますように、しっかりした心定め、親神様のお心にかなうような心定めを確立して、それを生命《いのち》を懸けて守り通した時、そこに初めて結構な自由《じゅうよう》をお見せいただくこともできるのであります。生命を懸けるということは、呼吸をはかる、呼吸を合わすということでありまして、芯となり中心となる一点をどこまでも守り通すのが、この道を通る者の勤めであると悟らせていただきます。

親神様の御理は両親、夫婦、天地、陰陽、水気・温気、皆二つ一つの理でありまして、親神様はこの地と天を象って人間の夫婦の道をおこしらえくだされたのですから、夫婦は互いに足らざる点を補い合って通ることが大切で、互いに足らざる点をののしり合って通っては、せっかく聞かせていただくお話も、何にもならんことになってしまいます。

天は上から雨、雪、霰《あられ》などを降らします。大地は慈悲の温《ぬく》みをもって天の潤いを受けとめ、万物を育《はぐく》みます。いかに男女同権と申しましても、そこには厳として定められた役割があります。それに男女同権という言葉は使われましても、夫婦同権とはあまり申しませんね。それなのに、ややもすると夫婦の間で、この男女同権を言い張って争うのはどうかと思います。

なるほどの人の苦労が大切

なおよく考えますと、つく息・引く息、すなわち出ると入るとは全く反対のようであって、存外反対でも何でもないのであります。

　精を出して働く上に、さらに精を出して働くと、その人は仕事に打ち込んでいると申します。好きな女に金を出します。しまいに家屋敷までも金に換えて貢ぎますと、あの人は女に家屋敷も入れ揚げたと申します。精を出して尺八を稽古《けいこ》して、ついには家も捨て、一財産も入れ揚げて熱中すると、人は、あの人は尺八に打ち込んでいると申します。そう言われるようになって初めて、その人の吹く一管の尺八から、人を感動させずにはおかない妙音が出るようになって、かつては尺八狂と笑われたのが、反対に世の人の尊敬を受けるようにもなるのであります。

　われわれよふぼくとして布教に従事させていただく者も、精を出しておたすけに回っているくらいでは、不思議なお働きをお見せいただくのはむずかしいかと思います。〝天に口なし人を以《もっ》て言わしむ〟ということわざがありますが、人々の口から、あの人は感心な人や、なかなかあれはできんことやと言われ、「なるほどの者、なるほどの人」と言われるようにならせていただかねばなりません。せいぜい精を出すくらいでは、天の与えもおのずから定《き》まっています。

お道が今日の結構をお見せいただくことができましたのも、教祖五十年のご苦労の理が深く、このぢばに伏せ込まれておればこそであります。土地所の名称の理にも、この苦労艱難《かんなん》の理が伏せ込まれてありまして初めて、末代までも人さまをお導きさせていただくことのできる理が与えられるのであります。

布教に携わる方々は、苦労はものだねと悟り、どんな中も心いずますことなく、心勇んで通らせていただいておきさえすれば、いつの日にか、このものだねがものを言う日が与えられます。ものだねとは、すべての物の元種と悟るべきで、その日が来れば、自分の一番望んでいるものの新芽となって現れてくるのであります。

親が子となり子が親となる

この世は天と地、火と水、陰と陽、共に相異なる性格の、二つのものが一つとなって融《と》け合って、和合してできたのでありますが、その中でも、父母や生い立ちや生活条件の違った男女が夫婦となって、全く新しい人生を築き上げて、心を合わせ、心を治め、子孫の栄えを見せていただくことは、親神様にとっても何よりの楽しみでありましょう。夫婦の中に子供を産み育てるということがあって、親と言われるようになるのであります。

一方で、人の子を育て上げさせてもらえば、やがて親と呼ばれるようになります。いろいろと教育や仕事、その他何によらず仕込んで一人前に育ててくれる人は皆、親方と呼ばれるようになります。道のよふぼくたる者も信者さんをお預かりして、一生懸命心づくしをして成人していただくことができましたならば、初めて親と呼ばれるにふさわしいと申せましょう。

親子となり夫婦となるということは、まことに不思議な組み合わせと言うよりほかありません。何十億という人間男女の中から何の因果で、この組み合わせが出来上がるのでしょう。しかも、それが実現しましたならば、切っても切れぬ親と子とか、夫婦は二世とか、なかなか重大な意義づけをされてまいりました。

最近は親子断絶とか、相愛の二人が盛大な結婚式を挙げて、億という金を使ってテレビを賑《にぎ》わしてくれるような方もありますが、なかなかそれが長続きせず、二、三カ月で別れてしまうような方もあります。余計なことですが、一日一体いくらにつくのかなあと思います。

教祖が一番にご心配くだされますのは、「世上に流れてしまうやないで。世上に流れてしまえば暗がり同然」と、強くお戒めになっておられます。私は、親・子・孫という言葉を、同じ意味合いですが、親・自分・子供という言葉に置き換えて考えてみたいと思います。

まず、人生を六十年と仮定いたしますと、前半の三十年は親と非常に密接なつながりを持つわけであります。子を思う限りなき親心が幼児に注がれて、だんだんと大きく育ってまいります。

ある大教会長さんが、八十歳を過ぎた母御に「お母さんの一生涯のうちで何が一番うれしかったか、そのものズバリと一言で言ってください」と申されますと、その母御はジッと考えていて、「この家に嫁入ってきて、初めておまえを産んで、そのおまえが私の乳に吸いついてくれた時や」と申されたそうで、この母親としての喜びこそは、何ものにも勝る貴いものでありましょう。

母親のお乳こそは、親が子を思い育てる慈悲ということを「ちち」と呼ばしてあると言われます。その乳房にすがった子供が、年ごろに成人して求める初恋の女《ひと》は、きまって母親の面差しに似た女を無意識のうちに求めると言われます。切っても切れぬ縁につながれているのであります。

だん〳〵とこどものしゆせまちかねる
神のをもわくこればかりなり　四 65

と仰せくださいますとおり、親の心というものほど有難いものはございません。この親との三十年のつながりを忘れて、親子断絶などと口に出して言うことすら嘆かわしきことと思います。

若くして世をすね、よからぬ道に足を踏み入れている人の中には、幼い時から親を知らぬ人も少なからずあります。この人たちにもよふぼくは、真実の心、親心をもって、どこまでも親切の限りをつくさせていただきますれば、教祖はどんなにお喜びくださることでございましょう。

その人たちも皆、共々に青年になれば、人生の伴侶《はんりょ》たるべき女性を求めて結婚し、やがては子供を与えられて親となっていきます。前半生は親と共に、後半生は妻を娶《めと》り子供を与えられて、残り三十年は自分の過去の繰り返しのごとく、今度は親となって子供をはぐくみ育てていくのであります。親が子となり、子が親となって、末代続いていくのが人生であります。

不足は切る理

をもたりのみことのお心の上から思案いたしますと、日々によく働いて汗を流している人は、なかなか風邪はひかぬようであります。骨惜しみして汗を出すのが嫌《いや》な人は、風邪をひく率が高いようです。風邪の熱は、うんと温《ぬく》くして蒲団《ふとん》をかぶって汗を出したら、スッキリして取れてしまいます。汗でも出し惜しみは、あまり感心できませんね。人のために汗を流すことのできる人は健康であります。

その反対に、自分は楽をして、人の働きぶりをとやかく批判したり不足に思うのは、ちょうど風邪の種を日々せっせと蒔《ま》き続けているようなものでありまして、そんな暇があるなら汗水たらして働くことが大切であります。わが身働かず、わが身勝手を引くから、勝手違いとなって現れてまいります。よふぼくたる者は風邪ぐらい平気の平左《へいざ》と言うて、わが身の働き足らんことを考えないようでは、とてもおたすけはあがりません。ご守護がないと、いつもこぼしておらねばなりません。

　わが身に不足思うていて、人さんたすけられましょうや。この辺をよく思案して、陰で喜べるような人になり、人には笑顔を見せて陰で人を褒《ほ》めて通る。陰で人を立て感謝して通ることが、陰徳を積む元になるのであります。この心がけでありますれば、自分は一生熱病で難渋することはなく、おたすけに出させていただきましても、すぐ病人さんの熱を下げていただくこともでき、ご守護も頂けるのであります。陰で不足に思うのは陰で燃えているのでありますから、真熱の取れるわけがありません。

「不足は切る理、結構はつなぐ理」とも、「結構は与えやで」ともお聞かせくださいます。まっすぐに落ち切れるその人を、心を、教祖はどんなに頼もしく思召《おぼしめ》してくださることやらと思います。結構になりたい、登ろう登りたいという心は、親神様と反対の心になってお受け取りはありません。

夫婦でたすけ合いの訓練を

親神様のお心にかなう第一の基本は、夫婦和合ということでありましょう。「女松《めまつ》男松《おまつ》のへだてなし」と仰せくださいますが、夫婦が互いに敬愛の心をもって、たすけ合いの実《じつ》を示し得るよう、わが身勝手ばかりを相手に求めることなく通らせてもらえるよう努力し、訓練に励みましょう。

「人をたすけてわが身たすかる」「わが身忘れて人をたすけるが誠」とお教えくださいます。布教師も、まず日々に、実地に「稽古《けいこ》」「訓練」しておかないと、いざという時にご守護いただけません。このたすけ合いの訓練を毎日、夫婦の間で心がけて通らせていただきましょう。

このごろ相撲のテレビ放送などでも、先場所素晴らしい成績だった力士が、今場所はとんと成績がよくないということが毎場所見られます。その解説を聞いていますと、理由はいろいろあるようですが「稽古不足」が第一で、それがために、せっかく会得した相撲の勘が鈍ってしまって、不成績に終わることが多いようであります。

おたすけ人も、一番手近な夫婦の間で、毎日たすけ合いの稽古に励んで訓練いたしておりますと、病人さんの前に出ても無意識の間にこの勘が働いて、われながら今日は、どうしてあんなお話を取り次がせていただくことができたか、と驚くほど結構いたしますが、その反対に、出がけに夫婦で諍《いさか》いでもしておたすけに出させていただいた時は、われながら情けなくなるような結果しか与えていただけません。

教祖がわれわれの後からついて回ってご苦労してくださっていることを思い、まず自分が勇み心を取り戻し、教祖におすがり申し、心陽気に励ませていただきますならば、親神様・教祖は、どんなに頼もしくお喜びくださることでありましょう。

元の神・実の神であられます月日親神様の御理は永遠に、このかんろだいのぢばにお鎮まりくだされているのでありまして、ぢばこそは時計の竜頭《りゅうず》に当たる所、人体で申せば頭脳に当たる所とも申せましょう。ここにぢばという名をお付けになりました。

平易にわかりやすく申しますならば、人間この世に生まれてくるためには、父母《ちちはは》がなくてはかないません。父母は人の子の親であります。その親たる人にも父母があるわけで、親の理を「ぢぢ、ばば」あるいは「ぢい、ばあ」と申します。ぢばとは、この意味合いが語源であるとも聞かせてもらいました。すなわち、ぢばとは人間創《はじ》め元の親という意味であります。

このぢばの目標《めど》にかんろだいを据え置き、このかんろだいを取り囲んで「よろづたすけのつとめ」をお勤めくださるのであります。元なる親を取り囲み四方八方から拝み合うことのできる世界こそ、陽気ぐらしの根源であります。

この姿にならい、一家の家庭内でも、親子・夫婦・兄弟が互いに感謝の心に満ちて、合掌し拝み合えるようにならせていただきたいものであります。

くにさづちのみこと

親神様と道具衆との関係

くにさづちのみことの理合いを中心にしてお話を進めたいと思いますが、その前にもう一度、くにとこたちのみこととをもたりのみことの守護の理合いについて考えさせていただきます。

をもたりのみことは、天にては日様としてお姿をお現しくださり、世界では火の守護と聞かされますが、そのお心は、天よりご覧になって、どんな谷底にいる者でもたすけ上げたいという慈悲のお心であります。そこで私たちとしては、明けても暮れても喜びの心を使うことが、そのお心に沿うゆえんであります。よふぼくの心定めとしては、どんな中に落ち切っても屈託せず、いゝいゝたんのうの心を治めることで、これが神様のお望みくださるところであります。

よふぼくもどうかしますと、ご守護を頂く上について焦る心が多くなります。そういう時、こんなに努力してもご守護いただけないのは、まだ落ち切っていないからであろう、まだ底があるならそこまで行きたいという心になれば、ご守護を見せていただく道が開けてくるのであります。

くにとこたちのみことは、天にては月様とお現れくださいます。世界では水の守護ですが、火と水との違いはあれ、たすけ上げたいという慈悲のお心に変わりはありません。洗濯したあとで捨てられるのが水でありますが、そのところをよくお考えくださいませ。そして、世界では火と水との守護を頂きますと豊年満作で、ようでけたということになります。人間もそのお心に沿うと、ようでけた人と言われるようになるのであります。

月日様のお心に反する心は、負け惜しみの根性です。惜しみにも、出し惜しみと負け惜しみと二つありますが、あとのほうがよろしくありません。負け惜しみの心のある限りご守護を頂くことは少ないのであり、この心を捨てることが、もっとも大切であると存じます。

そこで三柱目のくにさづちのみことですが、これは、人間身の内の女一の道具、皮つなぎ、世界ではよろずつなぎの守護の理、と教えられます。つなぎという道具衆のお働きをしてくださるのでありますが、しからば月日親神様と、くにさづちみことの関係は、どうなっているのかということを最初に考えたいのであります。

私たちは、皮膚病その他の人に、くにさづちのみことの理合いを台としてお取り次ぎをし、ご守護を見せていただきますが、お礼を申し上げる段になって、特にくにさづちのみことの神名をとなえてお礼申すかというと、そうではなしに親神様にお礼を申し上げます。ここのところをよくお考えいただきたいのです。根本は親神様の守護で、つなぎはその守護の一部分でありま す。ここに親神様と道具衆の関係が悟られます。結局は親神様なのです。

したがいまして、守護の理の説き分けは別々ですが、この根本を間違えぬよう、心にしっかり治めることが大切です。私はくにさづちのみことにたすけていただいたのや、親神様にたすけていただいたのと違う、というような考え方をしていますと、人間同士の間でも、私はこの人にたすけてもろうたのであって、会長や役員とは関係がないということになってしまいます。これでは完全にたすかったとは言えないと思います。

こういう悟り違いは間々あることで、たとえば、ある年の四月二十三日、天理教体育大会で二代真柱様がご挨拶《あいさつ》された時のことです。当日は雨のおさがりがありましたが、その中で「今日はまことに結構なお湿りのご守護を頂きまして」云々《うんぬん》と挨拶されたのを聞いたある人が、「今日、一番有難かったのは、あのご挨拶やった。なるほど世界には雨のご守護もなければならん。今日は運動会やが、それはこっちの都合であって、神様にはほかに思惑があるというもんや。だから雨もご守護やと、どんな時でも喜ばないかん。あのお言葉で、私は信仰の真髄を教えてもろうた」と感激しておられました。別の人は「そんなこと言ったって……」と批判的でしたが、同じ話一つを聞いても、感激して勇む人と、負け惜しみを言う人と両方があります。どちらがたすかるか、よく思案させていただきたいものです。

何でも背中で受ける人に

　さて、くにさづちのみことのお姿は、亀と聞かせていただきます。亀は立って踊るというものではなく、いつも地を這《は》っておりますね。そこからしますと、どんな時でもハイハイと言えるのが、そのお心に沿うた姿かと思案します。

　亀は、いいことでも悪いことでも、一切を背中で受けます。そこで、おぢばのご用も上級のご用も、背中でハイと受けるのが道の通り方だと思うのです。胸で受けるのは相撲取りですが、彼らは日ごろ、胸を貸し胸で受ける訓練をしています。これは結局、相手を倒す稽古《けいこ》です。しかし、いずれにしても世の中には、胸で受ける人と背中で受ける人と両方あります。

　昔の人で考えますと、織田信長や豊臣秀吉は胸で受けた人であり、徳川家康は背中で受けた人ではないでしょうか。家康は生涯に五十数回の合戦をしたそうですが、三回だけが勝ちで、あとはどうかわからんというところだったそうです。そうして負けてもつぶれずに、最後には天下を取りました。日本中の人心が寄ってきたのです。これも、亀のように何でも背中で受け、辛抱強かったためかと思うのであります。

おたすけ道中において、こんなに一生懸命勤めているのに、一向にご守護を見せてもらえない、わしほどいんねんの深い者はない、ひょっとしたら親神様は、わしのことを忘れておられるのと違うか、とまで思ったりする日があります。そういう時はジーッと辛抱して縮こまるのが、たすかる元になります。亀は頭を突かれても足をさわられても、それをひっこめて縮こまり、相手の心がとけるまで待ちます。そうして、さからわんところに最後の勝利が見えてくるのです。

名称の理を完全にお守りするにも、胸で受けず、何でも背中に背負う心でなければなりません。しかし、そんな根性の人は少ないのです。「そんなこと言われてもでけへん」と、頭や胸で受けて反発し、頭を下げないで上を向く人がいます。上は空で、空を見て通ると「そら見ろ」というわけで、ご守護は頂けません。

おたすけに行く場合、二種類の人があることを常に考えておきたいものです。馬の性格の人と牛の性格の人です。何でもかでも上見て通らねば承知できないという人は馬です。何につけても文句を言い、反発するのです。これに反し牛は、頭をなかなか上げません。馬はすぐ、ひひーんと上げます。そこで、馬の性格の人は頭を押さえてたすける、牛の性格の人は頭を起こさせてたすける。二通りのうち自分はどっちか、この人はどっちかと承知したいものです。馬は轡《くつわ》をとって下へ押さえると静かになります。牛は押さえつけると危険で、角ではねられます。しかし上へつり上げられたら弱い。この辺のコツです。

たいかいんのうはつなぐ理

くにさづちのみことは三柱目の神様ですが、これを月にして考えますと三月目になります。三月目というと、人間の誕生においては、母親の胎内で胎児の姿形が大体出来上がってくるころと聞きます。日本では三月に雛《ひな》祭りをしますが、これは、紋型ないところから守護を頂いて、人間の雛型ができてきた理を祝う祭りであります。お祝いに桃の花、白酒、菱餅《ひしもち》を用いますが、これらは女の理を象徴したものです。

したがいまして、こういう時期に、ことに女の方は亀のように、何でもハイハイと背中に受けて、たんのうの心を治めて通ることが大切かと存じます。たんのうはつなぐ理でありまして、たんのうの強い人の所へは物でも金でも、何でもよく集まります。しかし短気では集まりません。

竹の姿をご覧ください。竹は雪で押さえられると手向かいしないで横に倒れますが、雪が少なくなると、ちゃんと元どおりに立っています。しかし人間は、なかなかそうはいきません。押さえられるままでいる人は少ない。たとえ頭を下げているようでも、腹の中ではこん畜生と思っています。しかし竹は、そうではないようです。

竹の中は空っぽですね。あれは腹の中に何もないという姿で、うらみも腹立ちもなしに、押さえつけられているのがよいのです。そして、さからわずに静かに雪どけを待つのです。待っておればやがて、ひどい目に遭《あ》ったことがまるで夢みたいに、元どおりに立ち上がってきます。くにさづちのみことのお心にかなうには、こういう心が肝心かと思案します。

雨が降っても、何が起こっても、さからわずに一切を背中に受けて通ることです。上向いて通ると、目や鼻に雨水が入ります。背中に荷物を載せてもろうて、這《は》い回ってでも一歩一歩たゆみなく前進するド根性が、よふぼくにはことに大切であります。押さえつけられても、相手の心のとけるまでビクともせずに待つことです。そうすれば必ず相手の心はとけます。これを教祖は、「悪風に向こうたら、つまずくやらこけるやら知れんから、ジッとしていよ」と教えられているのです。

悪風が吹けば砂ぼこりも立ちます。その時さかろうて行きますと、目や鼻に砂が入って難儀します。しかし、風は一日中吹くものではありません。それをわきまえて、強い時には木の陰や家の陰によけて縮こまり、止《や》んだらさっさと歩けばよいのです。

おたすけに行きましても、悪風に遭うことがよくあります。攻撃されたり悪口を言われたりしたら、それは悪風だと思えばよろしい。その時、腹を立ててこちらからつっかかってゆくと、人間は何にもならんと考えたいのです。

皆さまよくご承知の寓話《ぐうわ》ですが、オーバーを着た一人の旅人が寒そうに道を急いでいました。その姿を見て風の神と太陽の神が、どちらがあのオーバーを脱がす力があるか競争します。風の神は力にまかせて吹きまくりましたが、旅人はよけいにオーバーをしっかり身につけて脱ぎません。今度は太陽の神が温《ぬく》みをかけますと、脱げと言わないのに自分から脱ぎました。これによりますと、相手を裸にしようと思えば、温《あたた》めたらよいのです。相手が得心して自分から脱ぐということでなかったら、あとに災いが残ります。この温みが夫婦和合の元でもあり、くにさづちのみことのお心でもあると思案します。

また、最後にご守護いただくのがよいのであって、焦ることは要《い》りません。仕事をしても損ばかりする、にをいがけをしても一向ににをいがかからんという時にも、温みの心を忘れず、そこを長く通ればよろしい。お道は、その場で栄えても一代ではいけません。子供から孫へと栄えてゆく理を見せていただかねば本物ではないのです。いつでも頭を下げ、申し訳ありませんと頭をひっこめて通ることが、末代たすかる元となります。その心があれば、無い命でも引き延ばしていただけましょう。あそこがああしたから、うちはこうと、いきり立ってはいけません。人間の力である程度できたとしても、いきり立つのは馬の姿で、これでは長生きはむずかしいのです。

身上かりものを悟る出発点

長らえてご奉公させていただくことが、もっとも親の心にかなうことであり、親の願いでもあるのです。おさしづにはおたすけについて、いろいろ話してくださっていますが、その中に長らえてということがよく出てきます。「天然自然の道は、長らえて長く通る事が、天然自然と言う」（明治21・8・17）とも仰せられています。この長らえてということがよくわかりませんでしたが、年とってきて、しみじみこの親のお気持ちがわかるようにならせていただきました。長らえるについては、つなぐ理が根本で、たんのう一筋に人一倍喜んで通ることが大事です。そのためには、身上かしもの・かりものの理を心にしっかり治めることが大切です。

人間が病気になると、医者に診てもらい薬を飲みます。これでたすかる見込みのあるうちはよろしいが、それだけでは安心できん。薬でもよくなる気配がない、医者はむずかしいという段になった時、初めて人間は、かなわん時の神頼みというわけで、姿の見えぬ神にすがるという順序になります。

昔の人は、雷や大風の時には氏神様の森に集まり、身を縮めて天の怒りのとけるまで待ったものだと聞きます。こんな時代は、そうした姿で神仏にすがってご利益《りやく》もあったものらしいです。しかし、親神様が根本的なたすけの道をおつけくださいましたからには、やみくもにすがるという幼稚な信仰にとどまっていてはなりません。親神様が紋型ないところから、無い人間・無い世界をお造りくださった、その心づくしとご苦心の理を、めいめいの心に治めることが、たすかる元となるのです。これが身上かりものの理を悟る出発点と申せましょう。

ところで、皆さまの家に子供が四人いると仮定しましょう。多少の家屋敷・財産があるとして、長男は親から譲ってもらったんだから、これはおれの家やと言って世の中を通っています。長女は嫁に行き、そこで夫婦力を合わせて働いて家を建てました。だから私の家やと言っています。次男は手に大工の職があって家を建て、これでおれの家やというわけです。一番下の妹は、親から譲ってもらうものはなく、さりとて金もなく手に職もない。したがって、やむなく借地借家に住んでいるとします。ここから考えて、わがものということを世間で申しますと、親からもらったか、自分で働いてつくったものが、わがものとなっているのです。

これが人間の身体《からだ》となると、昔の人は「身体髪膚之《しんたいはっぷこれ》ヲ父母ニ受ク」と言いました。それなら親のつくったものを、そのままもろうたかというと、そうでもなさそうです。親は種を蒔《ま》いた覚えはありましても、自分でつくり上げたのではないのです。まあ知らん間にでき、成長したのであって、したがって子供は、親から身体をもらったのではないのです。わが子に命を貸してやる、ということも言いません。こういうことになると、四番目の妹のように、身体はかりものだというのが本当でありまして、かりものですから、自分の身体であっても思うようにはいかんのです。

「心一つが我がのもの」というが

そこで、「人間というものは、身はかりもの、心一つが我《わ》がのもの」（明治22・2・14）と聞かされるのでありますが、この間、ある方から尋ねられました。「心だけがわがものやというけれど、心とはどんなものですか」と。

心は目に見えるものではありませんので説明がむずかしい。そこで、いろいろ考えてみました。

身体はかしものという以上、いわば貸し主と借り主があります。貸し主は親神様で、借り主は人間です。貸し主に所有権があって人間にはありません。親神様は人間に無期限無利息で、息の切れるまで、この身体を貸してくださっているのです。世間でも、無期限無利息で貸してもろうたとなると、タダみたいなもんや、もろうたみたいなもんやと申します。そこで人間は、かりものの身体をわがものやと思って通っているのですが、所有権はないのですから、やっぱりかりものであることに間違いはないのです。で、身体がかりものとしたら、心は一体どうなのかということです。

身体はもともと親神様のものですが、人間に楽しみもさせてやりたいという上から、息のある間はおまえのもの同様に使わせてやろうと言われるのです。それが「心一つが我がのもの」というお言葉になっているのではないかと思案します。

かつて柏原源次郎《かしはらげんじろう》先生から、こんな話を聞かせていただきました。

「心だけがわがものやと教えていただいているが、では心がわが自由になるかというと、そうはいかんものや。朝起き一つにしても、自分では五時に起きようと心に決めるが、目をさますと八時であったということも起きてくるやろ。本当に心がわがものやったら、こんなことになるはずがない。心はわがものやというても、いざとなれば神様のお力にすがらねば思うようになるもんやない。ここからすると、自分で固い心を定めて、何でもどうでもという心でやりぬいた時、うっかりすると自分の力でそこまでやったと思うやろうが、決してそうではないのや。そんなことを考えたらいかん。神様に守っていただいたからこそ、そうなってきたのである。そこで朝夕に〝悪《あ》しきを払《はろ》うてたすけたまえ〟と唱えて神様におすがり申すのである」と。

このお話は今でも私の心に残っています。自分が決心しても、なかなか貫き通せるものではありません。酒でもそうで、そんなに飲んだらいかんということは十分にわかっていても、それがそのとおりにはいかんのです。やっぱり神様にたすけていただかねばならんのです。ここからしますと、心はわがものやと言っても、もう一つ奥まで考えないと間違ってくると思うのです。

事が成ってくるについて

およそ何事にしても、一つの事が成ってくるについて、人間の心の正味が三分、あとは神様の守護で通らせてもらっていると考えたいものです。七割まで神様のお力をお借りしているとなったら、これはおれのものや、おれの力やとは言いにくいものですね。けれども神様は、三割でもよい、それくらいあれば、おまえのものやとして認めてくださっているのです。その親の心を篤《とく》と思案してくださいませ。

こういう事情があるところから、天理教では、一分の自信も力もないのにすべて神様に頼るというのは問題ですが、三分の自信があれば、あとの七分は神様におすがりするのです。全部人間の力でできる自信があるというのなら、誰も神様におすがりする者はありません。かしもの・かりものの理を心に治め、ひたすら神様におもたれして進むところに信仰の値打ちがあるのです。

　三分の自信と申しましたが、それは今のことであって、もともとこのお道というものは、三分どころか一分の自信もない中、丸々神様におもたれしてついてきた道なのです。

　私が青年時代、本部玄関に勤めさせていただいておったころ、板倉槌三郎《いたくらつちさぶろう》先生にお話を聞かせていただきました。

「今、結構にさしてもらっていますが、先生の若いころはほんとに大変やったでしょうね」

と申しますと、次のように話されました。

「そうやった。わしが二十歳《はたち》前後のことやったが、教祖が櫟本《いちのもと》分署に御苦労くださって、わしが様子伺いに櫟本まで行ったことがある。夜が遅うなってしもうて、俥《くるま》でお屋敷まで帰った。俥の上で腕組みしながら、教祖はいつお戻りくださるかわからんし、お屋敷はテンヤワンヤやし、こんなことでこの道はこの先どうなることやろう、と考え込んでいた。そのうち疲れて眠り込んでしもうて、着いてから目をあけると、羽織の上がぬれているのや。月夜で雨は降ってないし、なぜかわからん。そのうち、ああ、わしが知らん間に流した涙でぬれたのやということがわかった。今は結構やが、わしらの若いころはそんな日があったもんや。そんな日ばっかりやったのや」

「それを思いますと、つまらんことで不足したり文句を言ったりしてすみません」

「まあ、難儀さそう不自由さそうという神はないのや。おまえらがだんだん結構になるのは有難いことやから、しっかりやってくれ」

　当時の人にしてみれば三分の自信もありません。無我夢中の道中で、こうなれば丸々行く所まで行け、落ちる所まで落ちよ、という覚悟で通られたのです。かくて私たちは、どん底から這《は》い上がってきた先人の数限りない実例を見せていただいており、お道には紋型ないところから成ってきた歴史があるのです。こんな立派な証拠があるのに、先案じしたり、踏ん切りがつかんということであるなら、まことに申し訳ないことと思います。

石橋を叩《たた》いて渡るという行き方も堅実でよろしいが、それだけでは本当の神様のお働きを見せていただくのはむずかしいのではないでしょうか。三分の自信で山を越えて通っただけが、話の種・成人の種と存じます。

誠の話に誠の理を添えて

さて、話は戻って、人間かりものの身上が動かんようになったら、心の動きも止まります。その時一体、心はどうなるのかと申しますと、神様は、おまえは動かん身体《からだ》にいつまでおってもしようがなかろうから、しばらく預かっておいてやろう、と言われるのです。つまり、神様が抱きかかえ、旬が来たら新しい着物（身体）を着せて、再びこの世へ生まれ替わらせてくださるのです。

十柱の神名で表される守護の理は皆、星の姿で言われていますね。くにさづちのみことは、天にては源助星《げんすけぼし》と聞かされます。こんな話を聞いておくことも皆、たすかる種となるのです。

これは余談ですが、ある先生の胃病のおたすけです。病人は話を聞きましたが、酒やめるのは嫌《いや》、さんげするのも嫌、心を直さずにたすけてくれるか、ということです。そんな人も間々あるわけですが、こんな時どうしますか。二号さんに払う分くらいの金をお供えするから、大目に見てほしいと言う人もあるのです。

その先生は言われました。

「よろしい、たすけてあげましょう。じゃあナ、あんた毎朝、明けの明星を拝みなされ。あの星は日が昇ったら消える。消えてからではあかん。光っているうちに拝めば、ご利益《りやく》は必ず頂けます」

そこで胃病の人は、それくらいならと思うて朝起きし、明けの明星を神様と信じて拝むことを実行してたすかりました。「明けの明星のご利益は有難いもんですなあ」と言ったそうです。

胃病の人は大体、朝寝坊に多いものです。寝坊の人が朝起きして、明けの明星を拝むことができたら必ずたすかります。それから、星に表されている神様の守護の理合いをだんだんと聞かせてもらったら、おのずと心も入れ替わってゆくのです。

お道を通らせてもらう上について一番肝心なことは、人をたすける心になり、それを実行するということでしょう。ところで、人をたすける上について何が大切か。昔の先生は十人が十人とも、「誠の話に誠の理を添えてお取り次ぎをしてくださいませ」と言っておられます。近ごろでは「あんた、よふぼくになったのやから、何でもおたすけに行け」と言う人もあります。おたすけに行くについて何を持って行くのか。からではいけません。ほこりを持って行ったのでは、なおいけません。誠の話に誠の理、これを持って行くのであります。

ここのところをもう少し思案しますと、誠の話を聞き心に治めて、それをそのまま人に取り次いだだけではご守護はないのだと、昔の先生方は言っておられるのです。なんぼよい話を人に取り次いでも、聞いた話を取り次ぐだけなら、悪く言うとテープレコーダーをかけて聞かすのと同じことです。それでも嘘《うそ》ではありませんから、たすかることもあるのですけれども、本当はご守護をもろうていないのではないかと思います。

　もし頂いたら、だんだん信者ができてきた時に、神様は有難いがあの先生はどうも、と言う人が出てきます。あの人はテープレコーダーみたいなもんで、何も有難いことあらへん。鳴っている時以外は、そこらの押し入れにでも突っこんでおけ、ということになりかねません。こうなると、天理教の先生やと言うていても一生困らねばなりません。

　人が慕《しと》うてきてくれてこそ人間としての生き甲斐《がい》があるのに、テープレコーダーやからそこへ突っこんどけと不足されたのでは、どうもなりません。神様の有難いことは知っているが、会長が気にくわんとか、役員がどうとか不足する人があり、また不足させる人を間々見かけますが、これを打破してゆかねば人もたすかりませんし、私たちもたすかりません。

　そのためには「誠の話に誠の理を添える」ことです。昔の人は「口と心と行いが揃《そろ》うたのが誠でございます」と言われています。この三つが一つとなった時、どんな理も見せていただけるのであります。

柏原源次郎先生は、よく言われました。「おたすけに行く時は、汗流すか金出すか、どっちかや。わしは金は持ってないし、そっちは都合悪いから、汗出して行くのや」と。金を出したら自動車にも乗れるし、アイスクリームも食べられるでしょう。その金をお供えし、自分はつらい目をして運ぶ。それが誠の理を添えることになるのであり、そこに素晴らしいご守護の理が見えてくるのです。

また、昔の先生方は「理を聞いて理を運ぶから理がある」と言われています。さらに「理を聞いて理を運ばぬから理がない。これ天理でござんしょうがな。これを理の和《あ》え物と申します」と。和え物とは、野菜や魚などを、みそ・ごま・酢などで、まぜて調理するものです。そこに、まことにおいしい味が出てくるのですが、心と口と行いが一致し、理によって身を守り、誠の理を運ぶことが大切で、これさえあれば、お諭しが少々おかしくても、たすかる理が見えてくると思います。

月よみのみこと

親の真実と骨の理合い

月よみのみことは、人間身の内の男一の道具、骨つっぱり、世界ではよろずつっぱりの守護の理と聞かせていただいております。

私は、骨というのは身体《からだ》の心棒であると思うのであります。そこでお道のご用を勤めるについて、月よみのみことの御理を頂いて、しっかり踏ん張って働いていただくことが、ことのほか大切となるのであります。

ところで、人間世界の心棒とは何かと申しますと、親が子を思う真実がすなわち、それでありましょう。世界はさまざまに変転しますが、これだけは掛け値なしに貫いております。しかし、親の真実は子供には、なかなかわからないものなのです。なぜかと申しますと、骨というものは肉や皮に包まれていますね。おれは偉い者じゃと言うて、肉も皮もそっちのけにして骨が表に現れたら一大事。骨は一生表に姿を現さないところに値打ちがあるのです。

ここから考えて、親の真実は直接子供には、ふれることができぬものであります。子供が幼稚である間は、それを見抜く力がない。成人したとかせんとか申しますが、芯になる骨、つまり親の真実を見抜ける眼力が備わってきたら、これが成人です。肉や皮は表面に現れる言葉や行動で、これしか見えんようでは、成人したとは言えないのであります。

道の上で申しますと、親の思いがわからない方々も、かなりおられるようであります。わからないから、時々の言葉や行動だけをつかまえて、批判したり不足したりする。はなはだしい場合は「あんな人は親ではない」というわけで、考え方が断絶しています。これは悪意はないのですが、親の心を見抜く力がないところから出てくる姿であろうと思います。

しかし、親は子供を生み育てしてきておりますから、子供の心はよくわかります。長所も短所も見えます。そして、この子供をどうしても成人させてやりたいと、日夜苦心しておるのであります。その親の思いを子供がどうしても聞き分けてくれない、という時に味わう親の心の悩みというものは、芯なる骨を痛めるほどのものです。身の内が病んでうずいて、夜も眠られんほどに悩むこともありますが、それが子供にはわからないのです。そこで、お互い人間ですから、その心のすれ違いが、とんでもない時にとんでもない姿で爆発する場合が、往々にしてあるのであります。これについて、私が聞かせていただいたお話を申し上げたいと思います。

自ら通ってわかる親の心

私が本部玄関に勤めさせてもらっておりましたころ、板倉槌三郎先生が、ある日「西村はん、親の心はわからんもんやで」と、次のように話されたことがあります。

「わしがお屋敷に勤めるようになったころ、秀司先生は紋付き姿で野菜売りをされていたようなことやった。たしか盆やったと思うが、ふと考えて、あまりにお気の毒であるからというので反物を買い求め、『まことにお粗末なものですが、どうかお召しいただきたい』と差し上げたことがある。常識で言うと、そんな時『そうか、それじゃ、まあ頂くことにしようか』となるのが普通や。ところがその時、秀司先生の顔色が急に変わって、『おのれ、こんな物持ってきて何をするか』とか何とか言われ、反物を投げつけらた。

　金もない中からせっかく買《こ》うて持っていったのに、お礼を言われるどころか投げつけられる始末やったので、わしは、何とこの方は腹立ちな人やなあ、これではうっかり話もでけんと思うて、その後なるべく近づかんようにしたもんじゃ。そんなもんやったんやで」

「それから、どうされましたか」

「そのわしが、その後、天竜《てんりゅう》講の応援のために毎月、郡山《こおりやま》へ通うようになった。平野楢蔵《ひらのならぞう》先生の所や。当時の先生の信仰は、信者が神様のお話を聞いて、五銭か十銭のお礼を紙に包んで持ってきても、絶対に受け取られない。元の神様にそんなもの上げられるかと言うて、反対に、集まる人にうどんか何かを食べさす。それが親やという信念やったのやな。

　そんな具合やから金は一文もなくなって、冬でも夫婦ともに夏の浴衣《ゆかた》を着て過ごすという道中であった。質屋へ通うのは毎日のことであった。

ある日、わしが郡山へ行くと、先生がわしに『ちょっと羽織を脱いでください』と言うて、無理やり脱がされた。お話も終わって、これから帰ろうかという段になったが、その羽織が戻ってこない。まごまごしていると、『どうかなさったんですか』『いや、何でもないが、わしの羽織が……』。すると先生、頭をかきながら『あれはちょっとお借りしましたんで……』と言われる。『そうか、それならよい』。考えてみたら、わしは自分の羽織で自分の昼飯を食っておったんじゃな。まあ、そんなことはしばしばあった」

板倉先生の話しぶりは、どこか楽しげでありました。

「それから大分経《た》ったころやった。ちびて薄板のようになった下駄《げた》を履いて郡山へ行き、さて帰ろうと玄関先まで出ると、下駄が見当たらんのや。代わりに新しい下駄がおいてある。どこへ行ったかと捜していると、『どうぞ、その新しい下駄を履いてお帰りください』と言われる。その瞬間のことやった。わしは、どこがどうなっていたか自分でもよくわからなかったが、思わず裸足《はだし》で下に飛び降り、その下駄をつかむやいなや『おのれ、こんな物を買うてきやがって……』。そのあと何と言うたか今でも覚えてないが、それを投げ捨てて『わしのちびた下駄を出せ』と、どなっておった。

帰り道、わしは若いころ秀司先生に叱《しか》られたことを思い出したんや。そしてなあ、あれが親の心というものであったかと、初めて知ったようなわけや。残念ながら、わしでも十年経たねば親の心がわからなかった。親の心を知るということは容易なことではないなあ」

この辺の気持ちは説明できないものがありますが、たとえ一人の人でも何とか成人してもらおうと苦心してきた方なら、わかっていただける話であると存じます。これとても形や言葉だけ見ていては、本当のことはわからないのです。

私の父が、琵琶《びわ》分教会の会長を務めていました時分のことです。母がよく肩を凝らして、あんまをしてもらっていました。それを見て、ある方が「教会の奥さんが、あんましてもらわなあかんのですか。私は今日まで、あんましてもろうたことはありませんで」と、非難めいた口ぶりです。母は「私の心が至らんのでなあ。あんたは、あんまの厄介にならんですむのやから結構やなあ」と詫《わ》びたそうです。

その方が、だんだん熱心になり、にをいがけ・おたすけに出るようになりました。しかし、説けども説けども相手はわかってくれない。どうしたらいいかと思ったら夜も眠れない日が続く。自然、肩も凝ってくる。その時になって初めて、母のあんまのことを思い出し、偉そうなことを言うてしもうたものやと、お詫びされたことがあります。自分が通ってみて初めて、親の心がわかるのであります。

骨身にこたえるお仕込み

ところで、前に述べました秀司先生や板倉先生の場合、形から見ますと腹立ちであり、腹立ちはほこりではないかということになりますが、いざ、この者にどうしても成人してもらわねばならんという時に、こんな常識の域を超える激しい言葉となって現れてくる場合があるもので、これも月よみのみことのおたすけに現れたお姿であろうかと思案させていただきます。

親神様も、

　むごいことばをだしたるも

　　はやくたすけをいそぐから　　十下り目　6

と申されていますし、おふでさきには「月日のはらがはぢけたで」とか「月日しりぞく」とまで言っておられます。何も知らん人は、神様でも腹を立てられるのかと思うかもしれませんが、どうでもたすけたい、成人させたいというのが親の心で、それが、このような激しい表現として現れているのだと思うのであります。そして、これが人間の骨身にこたえるお仕込みとなるのであります。

　次に述べますのは、教祖と飯降伊蔵《いぶりいぞう》先生との間に起こった、きびしいお仕込みの話です。

　ある日のことです。お昼食は何とかできたが、教祖に召し上がっていただく夕食がない。思案にあまって飯降先生が櫟本の家まで戻りますと、ちょうど長女のよしゑ様がおられた。よしゑ様は、そのころ反物一反をもらって、新しい着物など着たことがないので、それを赤ん坊のように大事に抱いて喜んでおられたそうです。

それを見て飯降先生が、奥様のおさと様とよしゑ様を呼び、よしゑ様にこう話されました。

「おまえは病気もせず結構に働かしてもろうたのやが、これは誰のおかげやと思うているで」

「はい、神様のおかげやと思うております」

「そうか、おまえもそこまでわかっているか。しかしなあ、わしはその大恩ある教祖に、今晩召し上がっていただくものが何もないのや。えらいすまんが、その反物を父にくれへんか。お金に換えて教祖に召し上がっていただきたいと思うのや」

するとと、今まで大切に抱いて喜んでいたよしゑ様が、実に素直に「そんなら、どうぞお使いください」と、惜しげもなく差し出されました。先生としては、親として涙なしに受け取れんところであります。その時、おさと様が母親としての気持ちから一言、惜しみの言葉を出されました。

飯降先生が「おまえは何ということを言うのや。娘が喜んで聞き分けて出したものを、親が横から何を口出しすることがあるか」と、だんだん話されたところ、おさと様も「娘可愛《かわい》さのあまり、惜しみをかけてすみませんでした。申し訳ございません」とお詫《わ》びされ、そこで三人の心が揃《そろ》ったので先生は、それで夕食をととのえて教祖の御前に出されたのであります。

教祖はご機嫌よろしくお箸《はし》をとられました。教祖は必ずお箸を押し頂いてから手にされるのですが、そのお箸を魚のところへ持ってゆくと、先がピンとはねる。隣へ行っても、はねてつかめません。教祖は静かにお箸を下に置かれ、「伊蔵さん、せっかくの心づくしやけどなあ、これには一言、惜しみの心がかかっとるで、神さんが食べなと言われるで」と言われました。飯降先生はおそれ入って、涙ながらにお詫びされたそうです。

教祖のお心からしますと、飯降先生は、どうでもこうでもこの者の心の骨を入れ直し、神の道具に使うべき予定の人であります。それが情を抜きにした峻烈《しゅんれつ》なお仕込みとなって現れたと思うのであります。教祖からすると、まだ先生の心は澄み切ってなかった、ということになると思うのであります。

芯なる骨の入れ替え

　さて、明治二十年に教祖がお姿をかくされました。その後二週間ばかり、飯降先生は大病になられました。その時には全身からあぶら汗が出るという大変な苦しみようで、肋骨《ろっこつ》がポキポキ折れる音がし、折れたあとで大工か何かが身の内に入り込み、コッンコッンと肋骨のはめ替えをしているような音が聞こえたということです。それが二週間も続き、こうして芯の骨が入れ替わり、そのあとで本席と定まったのであります。

　ここからいたしますと、お互いお道を通らせてもらう上について、芯の骨の入れ替えということを大切に考えたいと思うのであります。

　近ごろの人は話も上手《じょうず》になった。形もできてきた。その代わり、芯の骨にこたえるようなド根性が少なくなったという声を聞きます。これでは不思議なたすけは見せていただけません。どうしても、そこまで根性を入れていただけるよう、神様にお仕込みを頂くところまで行きたいものであります。

　ところが、このきびしい仕込みに耐えることがむずかしいのですね。人間同士の間でも、昔なら親がきびしく子供を叱《しか》って、「おまえみたいな奴は出ていけ」と言うと、「どうか許してください」と謝るのが普通でしたが、近ごろでは平気で出てゆく。「そんなこと言うたら親のほうが困るのと違うか」という具合です。

それでも子供を仕込まなければならん、成人してもらわねばならんという時があります。その時には、まず親となる者が、自分の芯なる骨にこたえるような苦しみを味わわねばいかんと思うのです。その代わり、こちらにそうしたド根性ができ、苦しみつつたすけ上げた人は、かけがえのない立派なよいふぼくとして成人してくれるのであります。楽々の道では道は開けないと思うのであります。

教祖が定命《じょうみょう》を二十五年縮めて御身をおかくしになったのは、一れつ子供が可愛《かわい》いゆえからと聞かされます。その子供である人間に、いかに説いて聞かせても本当の神の心を知ってくれない、これでは道が遅れる。そこで、人間の言葉をもってすれば断腸の思いで、御身をかくされたと思うのです。ここのところの意味合いを、八十数年前の昔の出来事としないで、めいめい自分のことであると、身につまされる思いで受け取りたいのであります。

こふきをつくる旬

さて、このように人をたすけるについては、言うに言えん心の苦労がついて回るのでありますが、骨身をけずって心配するのが、めいめい末代のこふきとなるのであります。そして、このこふきが子々孫々に至るまで、神様に引き立てていただく元となるのです。ですから、ただ人をたくさんたすけたらよいとか、別席者を多くつくればよいというだけではなく、自分の家に、自分の身に、末代のこふきをつくって残すことが大切と思わせていただきます。

親神様は「たすけせきこむ」とて、世界一れつのたすけを急いでおられます。そのお心からすれば、不思議なたすけはいくらでも見せていただくことができるべきものです。しかし、それだけではいけない。めいめいのこふきをつくらせたいという上から、心を静めて見ておってくださるのが、現在の状況ではあるまいかと私は思うのであります。したがって今こそ、芯の骨になるこふきをつくる勉強をする旬だと悟るのであります。

　昔聞かされました話によれば、「神は道初まりの三十年は、千に一つの人をたすけたいという心があれば、その心に乗って働いた。次の三十年は、真実誠の心に乗って働く。次の三十年は、その中から心の澄んだ者に乗って働く」ということです。してみれば心を澄ます上については、誰に遠慮は要《い》らんのです。

　私の父の教育方針は、「一軒かぎり一名かぎり、真実調べの競争や」と常に言い聞かせてくれました。大抵の方は、わが身わが家のことを忘れて人だすけをせよと言うものですが、そんなことは一度も口にしませんでした。これじゃあお道の精神と反対ではないか、と思ったりしたものですが、今ごろになって、父の言葉にも意味があることを知ったのであります。

　わが身わが家のことを忘れて人だすけをさせてもろうても、一人をたすけ上げるのは容易ではないのです。しかし親神様の思惑は、おつとめによってたすけると言われます。それには心の澄んだ人が揃《そろ》って勤めねばなりません。

もし揃えば、百万人でも一千万人でもたすかってゆくと信じます。

やまのなかへといりこんで
いしもたちきもみておいた　八下り目　8

親神様は、どんな中にあっても真実の心の者、心の澄んだ者を見分けして、引き出してくださるのであります。その上についてなら、たとえ親と子であろうと競争である、というのが父の考え方であったと思います。

神にもたれ切るのが根本

ところで、腹を立てるのは心が澄んでないからだと、よく言われます。そこで、心に芯の骨を入れて、いかなることがあろうと腹を立てんという心が定まった時、足の立たない人でも骨のご守護を見せていただく力が与えていただけると思うのであります。その心さえ定まれば神が踏ん張って連れて通る、と言われているのであります。私たちが精いっぱい踏ん張っている時が、親神様のほうでも、この者は捨てておけん、ほっておけんと踏ん張ってくださっている時なのです。親神様のお力を頂けば、いかなるふしの中も通り切れるのであり、通り切って初めて親神様のお心が真に感得できます。

　このように、どんな中も親神様のお心に沿い、親神様にもたれ切って通ることがお道の根本であって、おふでさきを読ませていただきましても、そこに一貫しているのは、おまえたちにはいろいろ人間思案もあるであろうが、心の底から神にもたれて通れ、それしかたすかる道はない、ということであろうと思うのであります。

　こういう心で通っておりますと、いつとはなしに、どこからとはなしに旬のめばえが来るのです。一面雪が降り積もっている、その底には春の暖かさが、すでに燃えているのです。ただ、それが人間の目には見えないだけの話です。これと同じく、親神様はちゃんと旬を与えてくださいます。そして、この旬だけは人間の力でどうにもならんもので、これこそ神の力なのです。

　せっかく親神様が私たちにお与えくださる旬を、うっかり見過ごして、つかまえられない人も間々あります。素直な心を失った人とか、欲の心が忘れられない人に、それが多く見受けられます。その他、自分の面子《メンツ》にこだわったり、高慢のために見逃す場合も見られます。ここからいたしますと、素直に欲を忘れて勤めることが、ご守護を頂く道であることがよくわかると思います。

旬と申しますと、世間ではよく〝仲裁は時の氏神〟と言っております。対立が起きてどうにもならなくなった時、まあまあと両者の間に入り、両方の言い分を聞いて、仲をとって治める。これによって、ほっておけば叩《たた》き合い殺し合いになるところでも仲直りできる。これも旬の働きであります。この旬が来たら、いくら自分に言い分があっても仲裁の言い分に従うのが天意にかなうのであります。

夫婦の間でもそうであります。夫婦というものは、そもそも何十億の人間のうちからいいんねんあって組み合わされたもので、あだやおろそかに切れるものではありません。その夫婦にけんかが生じるのは、めいめいの我《が》を立て通そうとするからであります。これでは壊れてしまいます。その時、仲裁が入ったら素直に、我を捨てて従うことです。断れば人にも親にも、神にも見捨てられてしまうでしょう。これは、旬を見逃すからそうなるのです。

人間の神に対するド根性

さて、私たちは、親神様がこれはしてはならんと言われたことはしない、という生き方をすることは比較的容易なのでありますが、この域にとどまっていてはいかんのであります。もう一つ聞き分けて、しなければならんことはする、ここまで進まねばなりません。しなければならんことができてきた時は、自分の欲も得も忘れ、都合も何も捨てて実行する。この、しなければならんことができてきたというのが、すなわち旬なのであります。そこで、旬というものは、親神様が私たちの信念と実行力をテストしてくださっている時である、と受け取らねばならんと思うのであります。

旬に際しては、損になろうが都合が悪かろうが、一切を捨てて実行に励むならば、「ようこそそこまで骨折って、がんばってくれた」というお言葉が頂けるのであります。親神様からそのお言葉が頂けるところまで進むのが、人間の神に対するド根性であると言えましょう。教会でありますと、そのお言葉は会長から頂くのであり、そう言われることが最高の喜びです。そう言うてもらえないということは、おまえは偉そうなことを言うているが、ちっとも骨折ってないなあ、ということになるのです。

そこで、骨は人に見せびらかすものではなくして折るものである、骨は折りさえすればよいのだ、ということがわかります。折ったら困るやないかというようなものですが、その代わり親神様が、本席様の場合ではありませんが、私たちの身の内に入り込んで、子々孫々に至るまで絶対折れない骨に仕替えてくださるのであります。そうなって初めて真のよふぼくとなるのであって、私たちは一日も早く、かつ徹底的に、骨をすげ替えていただかねばならんと思うのであります。

骨を折ることもせず、自分は偉いもんじゃというて骨を見せびらかしたい人は、そんなら思いどおりにしてやろうかというわけで、入院して肉も皮も切って見せてくださることになります。そんなことはやめにしたいものですね。骨を折り、芯の骨を入れ替えていただけば、そのまま国の柱、家の柱、教会の支え柱として末代までお使いいただけ、難儀するにもできんようになってくるのであります。

腰骨とくるぶしの理合い

今までお話ししましたのは、背骨など筋の通った骨についてでありますが、もう一つ人間にとって大切なのは腰骨です。腰骨は土台石みたいなものだと、ご理解いただきたいのであります。ここのところは特に女の方に聞き分けていただきたいのです。「女は台」と言われますね。それが女の命です。また、嫁入りのことを俗に、こし入れとも申しますが、これは腰を入れる、台を入れるということです。そこで本腰を入れると、立派な子宝が授かり家も治まるのです。台がぐらついたら柱も立っておれません。

また、腰骨があるので重い荷物も背負えますし、背骨も自由自在に動けることになるのです。「いしもたちきもないかいな」と言われますが、石は腰骨に、立木は筋の通った骨に当たると私は思うのであります。

この腰骨がいかに大切であるかについて、世間では、さっぱりどうにもならん人間のことを腰抜けと申します。腰が抜けたら歩けないし、何の値打ちもないことになります。そこで、何によらず私たちは、しっかり本腰を入れて勤めたいものです。親神様から腰抜けと言われたら、どんなに力を入れてやっているように見えても、自由自在《じゆうようじざい》のご守護は見せていただけないのであります。

そのほか大切なのは、くるぶしなど下の足の骨であります。小さな骨が筋と肉にまかれてつながっていますが、これが一手一つに動くから、私たちは前へ進むことができるのです。つまり、くるぶしは前進のために役立つのでありまして、これがないと立ちん坊になってしまいます。

人間は動くこと、前へ進むことが肝要であります。黙って立っていると損はありませんが、その代わり儲《もう》けもありません。怠けて同じ所にぐずぐずしておりますと楽でありますが、こういう人には、得てして虫がつきます。「親のすねかじり」という虫です。この虫がくらいつくと、まことに始末が悪い。警察へ突き出すわけにいきません。いくら金を持ち出されようが泣き寝入りです。それでもいいんねんなら通らねばならないのです。

こういう時は、よく理合いを聞き分け、くるぶしを使って前進するように心がけることです。親がひたすら前進していますと、極道な子供のかじりつく暇はないのです。かじりつこうと思っても前へ行っているから、ふり落とされます。そこで親が親神様の思召《おぼしめし》に沿うて、ひたすら前進を心がけておったならば、すねかじりはできるものではないと思うのであります。

教会も絶えず前進しなければなりませんが、そのためにはくるぶしが大切です。くるぶしが、さまざまの骨が肉や筋に包まれて一つになっているように、教会も大小いろいろの骨となる人が、一つになって働くことが前進することになるのです。ある人はこまねずみのように働く、ある者は縁の下の力持ちとなる。皆、自分の都合を捨てて勤める。そこに教会の前進があり、またそのように欲を忘れて勤めた人は、一生煩《わずら》いもなく結構にお守りいただく結果になると悟らせていただくのであります。

お互い人間でありますから、自分の思うとおりにしたいという心は抜け切れません。しかし、お道を通らせてもろうている以上、そういう心はなるべく遠慮させてもろうて、心を一つに合わせ、つなぎ合って前へ前へと足を運ぶようにしたいものです。金のことを「おあし」と申しますが、じっとしていては金も回ってこないのです。

天理教では「つくし・はこび」と申します。これを人間身の内で考えますと、壮健に自由自在に働かせてもらい、絶えず前進している姿がそれでありま す。その喜びを味わえる人は、心は勇み身は健康、親神様の思召も痛いほど身に沁《し》みて感じさせていただけるのであります。そこで、あっちにもこっちにも足を運ばせていただく、そこに信仰の喜びがあるのです。何もせず立っていては、これではせっかく骨をお与えいただいているのに、その甲斐《かい》がないということになります。こういう人には親不孝の子供ができ、すねを可《か》愛《わい》いわが子にかじられる結果となることは、大体間違いのないところであろうと思わせていただきます。

くもよみのみこと

食べ物にこもる親神の真実

くもよみのみことは、人間身の内の飲み食い出入り、世界では水気上げ下げの守護の理と聞かされております。この御理を土台としてお取り次ぎさせていただきたいと存じます。

私たち人間がこの世に置いてもらっている間、一番大切なのは何かと申しますと、それは飲み食い出入りの働きであろうと思います。これは余分な話ですが、よく、政治家になろうと思えば胃袋が丈夫でなければつとまらない、などと言います。これと同じように天理教の布教師も、胃袋が丈夫でなければ十分の働きができないのではないかと思わせてもらいます。第一、丈夫でなければ命がもたんということになってきます。

二代真柱様が若いころにまとめられました「天理教伝道者に関する調査」という論文によりますと、調査対象となった人の入信動機の六、七割は、消化器系統の身上からとなっているようでございます。今なおこうした傾向が強いのではないかと思われますので、飲み食い出入りの守護の理について、しっかり思案させていただくことが、今日のおたすけの上で大切かと存じます。

さて、歯は木の葉と同じく、栄養分が一番先に当たるところであります。そこで、長生きする人は歯の丈夫な人に多いということになります。丈夫な歯でしっかり噛《か》み砕くことが、栄養分を十分に身につける元となってゆくのであります。

ところで、親神様・教祖に喜んでいただく人間にならせてもらうには、どうすればよいか。むずかしく言えばいろいろありましょうが、誰でもその日からできることと言えば、今から頂く食べ物は、今までの何倍も喜んで頂くことが一番の秘訣《ひけつ》でしょう。

食べ物には微妙な味わいがついていますが、この味わいこそ月日親神様の真実で、この中に可愛《かわい》い子供のことを思われる親心が、もっとも直接的に込められておるのであります。そこで、どんな味でも楽しんで頂くことが、親神様のご守護を頂く上に大切なこととなってくるのであります。

そこで食事に関しては、相当長く時間をかけて十分に味わい、嚙み砕くことが健康によろしいということになります。私がかつて、ある方に健康の秘訣を教えていただきました時、次のように聞かされました。

「今、時間がわずか五分しかないとする。いつもは三十分かかって食べているのだが、こういう時どうするか。急いでかき込むか、それとも、いつものスピードで少量だけ頂いて満足するか、そのどちらをとるかということである。腹が減ってはどうもならんというので急ぐ人もあるだろうが、私ならいつものスピードで五分間に食べられる分だけ食べる。そのほうが結局、身体《からだ》にいい。あわてて食べても栄養にならず、かえって害になることがある」と。

私も、なるほどと思いました。

お道の話でも、昔はゆっくり時間をかけて聞かせてもらったものですが、近ごろは忙しい時代で、ややもすると、じっくり嚙み砕いて味わうことが少なくなっています。心ではなく頭だけで聞き、自分の信仰の成人の程度で判断して、よいの悪いのと点数を入れる。また、耳の痛い話は聞きたがらないという場合も多いようです。

しかし、これではいかんので、理の話は少なくとも半日は考えて噛み砕く。時には、それに十年もかけるということも必要でしょう。そう考えた時、理の話は噛んで噛んで噛み砕く心がけが大切で、そうして呑《の》み込んだものが心の栄養となり、身上壮健に守っていただく結果となるのであります。

息をかけていただくこと

食べ物の中には入りませんが、食べ物より大切なのは息でしょう。五分間も息をしなかったら命はありません。そこで息が一番、身を養《やしの》うてくれる最高のものと思わねばなりません。つまり、食べ物が入る前に、息をかけていただくことが大切と思うのであります。

増井りん先生が、教祖のおそばに勤めておられたころの話です。ある日、秀司先生が、ちょっと奈良まで使いに行ってほしいと言われたので、承知して行き、帰って教祖に「ただいま帰りました」と申し上げますと、教祖はあまりいい顔をされなかったそうです。すると、だんだん増井先生の身体《からだ》の具合が悪くなってきました。そこで仲田儀三郎《なかたぎさぶろう》先生に相談された。

「私は別に心得違いをしたことはないと思うているのに、こうしてお手入れを頂くのは、どういうわけでしょうか」

「おまはん、これこれの用で奈良までやらしてもらいますと、教祖にご挨拶《あいさつ》して行ったのか」

「いいえ、せんと行きました」

「それがいかんのや」

「でも私にとって、教祖も秀司先生も両方ご主人です。それが、なぜいかんのです」

「おまはんは今、教祖のご用をするのが役目やろ。そしたら、なぜ教祖にお断りせんのや。そして教祖から、行っておいでと息を一つかけてもらうのや。それが抜けていたのがわからんか」

増井先生はさっそくさんげをして、ご守護いただかれたそうであります。そんなことは大したことではない、というようなものですが、こういうところに、言うに言えん親の思いがあるのです。そして親の息を頂くことによって、育ち守られるのです。

外へ行ったら何が起こるやらわかりません。そういう時、親の息が一つかかっているか、いないかで違ってきます。命を失うべきところでもたすかるという、大きな理になることもあるのです。どこへ行くにしろ、何させてもらうにせよ、親に声をかければ、親のほうでは何かと心にかけてくださる。なんぼいいことをしても、自分勝手にしたことは大した理にならず、引き立てていただくことにもなりません。この辺のところを「言わん言えんの理を聞き分けるなら」と教えられているのです。

村《むら》田《た》勇吉《ゆうきち》先生が青年のころ、東京教務支庁の書記として赴任されていた時分のことです。何かというと東本《とうほん》初代会長の中川《なかがわ》よし先生から電話がかかってきて、「あのー、これからおたすけにやらせていただきますが、私の手に負えませんので、先生のお力をお借りしたいのです。ぜひご足労いただけませんか。お越しいただくだけで結構でございますから」と、そう言って人力車を教務支庁へ回し、二人でおたすけ先へ行かれるのであります。

　到着すると村田先生を客間に通し、お礼を言って、「では私は、これから病人さんのほうへやらしていただきますので、その間どうぞごゆっくり」という次第です。向こうはおたすけの上では音に聞こえた大先生、こちらはまだ駆け出しの若造です。それでもせっかく来たのだから、お諭しの一つでもさせていただくべきものと思っていますのに、一向そうした要請はない。村田先生は来ていただくだけ、おたすけは自分のすること、というわけです。そして終わりますと、厚く礼を言って送ってくださる。

　初めは、それが村田先生にはわからなかったそうです。そのうち中川先生の心を推察するに、おたすけ人はよく、教祖のお伴《とも》をして行くと口では言っていますが、姿・形がなかったら、それを忘れてしもうて、自分の力で行っている時が間々あります。しかし中川先生は違う。自分より未熟かもしれないが、ぢばの理をもって東京に来ている人は、この人ひとりだけである。私はこの人を通してぢばの理に挨拶をさせていただくのである、というのが中川先生の考え方なのです。

中川先生があれだけのおたすけをされたのは、ぢばの理を教えられた時の嚙《か》み分け方・呑《の》み込み方が人一倍すぐれ、しかも、それを終生実行されたところにあると思わせていただくのであります。親に息をかけていただくことが、何物にも代えがたい値打ちがあるということなのです。

有難い御供さん

ところで、御供《ごく》さんについて、私には一つの忘れられぬ思い出があるのです。

乾性肋膜《ろくまく》になって、うっかり呼吸をすると胸の辺が針で刺されたように痛む、という容体で苦しんだことがありました。いつよくなるという見当もつきません。身上をたすけていただくのに、親にすがってたすけてもらうのがお道ですが、私の父はすでに出直しておりました。そこで思い出したのが、山本よしを奥様です。世間でも仲人親と言うんだから、奥様にお願いしようと思い、私は女房を枕元に呼んでこう言いました。

「明日の朝、夜が明けんうちに走っていって、山本先生の表の戸をドンドン叩《たた》き、『西村が死にかけていますから、すぐ来てください』と大声で頼め。返事は聞かんでもよい」

　そうしますと、すぐ来てくださいました。その時、持ってこられたのが、教祖お下がりの御供さんです。

「奥様、まことに無理なお願いですが、三日三夜《みっかみよさ》のうちに片をつけていただきたいのです。私も子供がたくさんいますし、こんな調子で半年も一年も寝ていたら、人間の干物ができます。いくならいく、あかんならあかん、どちらでも結構ですから、早く埒《らち》があくようお願いしてください」

　奥様は、じーっと私の顔を見つめておられましたが、やがて決然と言われました。

「そんなら願いどおり、三日三夜でいきまひょ」

　その時、よしんばその声が嘘《うそ》であろうが、その一声ほどうれしかったことはありません。心の底から力強く感じました。おさづけより何よりも、その声一つでたすかった喜びを覚えたのです。声は尊いものです。これにより、わずかの間に身上のほうは一応、片がつきました。その後の話です。

「あの時、奥様は、よう『そんなら三日三夜でいきまひょ』と言うてくださいましたなあ」

「あんたも、よう言うたもんやなあ。でもあの時、私がなぜそう言うたか、それは黙っていたが、今日は一つそれを聞いていただきましょう」

奥様はそう言って、次のように語られました。

「実は私は、順番が来たら御供さんを頂きたいと、半年も前からお願いしていたのやが、なかなか手に入りませなんだ。ある日ようやく頂戴《ちょうだい》できたのやが、その晩考えました。私も頂きたいが、それよりも病人さんに頂いてもらわねばならん。それにしても、どなたに頂いてもらうことになるか、これに巡り合わす方は誰かと楽しみにして寝《やす》ませてもろうた。

するると翌日、夜も明けんうちから戸を叩く人がある。その時思いましたのは、教祖が、どうせ明日になると西村が来るやろうから先に渡しておく、というので御供さんを下さったということやった。そこで、はは一ん、これは西村はんが頂くことになっている御供さんやな、と思うて全部持ってきましたのや。そういう巡り合わせになるのやから、西村はんは確かにたすけていただけると確信したからこそ、きっぱり、三日三夜でいきまひょ、と返答できたんや。教祖のお心は有難いもんやなあ」

そう言って二人が、涙を流して喜ばせてもらったことがあります。

これを思えば、御供の一包に、どれほどの親の思いが込められているかしれんのです。それなのに、あだやおろそかに頂く習慣を身につけていたら、せっかく頂いた信者さんも、それを有難いとは思わず、成人してくださらんということになってゆくのであります。

食べ物は喜んで頂く

食べ物の味わいは千変万化ですが、それこそどうしたら人間が喜んで食べてくれ、身につけてくれるかという親神様の真実なのです。そこで一つひとつの味を通じて、そのお心を味わいつつ頂戴した食べ物は、食道を通って胃におさまります。この胃は横に寝ているのがよいので、立ったりよじれたりしたら大事《おおごと》です。命も危うくなる。そこで、腹立ちは一のほこりといって、これが大病の元ともなります。つまり、腹を立てることは胃が立つことと同じで、親神様の真実が身につかなくなるわけですね。

また、常に胃が重いとか悪いとか言うている方は、食べ物を喜んで頂くようにつとめますと、胃が働いてくれるようになります。それから陽気な心になること。心配事があったり、イライラしていますと胃が働きません。大体、喜びの心に正比例して胃も働くようでありまして、喜びの心が少なければ、月日の真実が毒になって身に回ります。毒にするか薬にするか、それはこちらの心がけ次第なのであります。

胃でこなれた食べ物は腸に入り、この腸で正味とカスに仕分けられます。正味は吸収されて血肉となり、カスは大小二便となって出るわけです。正味が吸収されずに出るようになれば糖尿病というやつで、これも親神様の真実が身につかないということになります。

このように、普通は入るのが先で、出るのが後となっているように見えますが、もう少し深く考えますと、出る理が先、入る理は後ということで、世の中がつくられていることがわかります。夜に潤いが下がり、昼に太陽で乾かしてもろうて、この世が成り立つのです。生まれた赤ん坊はかにババ（胎便）を出しますが、これが十分出た子は一生丈夫で、少ないとどうしてもひ弱いということです。これを出してから初めて、お乳を頂くのです。出入り口というても、入り出口とは申しません。金銭にしても出納といって、出すのが先です。これが天理です。

尾籠《びろう》な話ですが、私どもは朝起きてまず便所で出すわけですが、それが硬からず軟《やわ》らかからず、色もきれいな黄金色なら最高で、心のくさりが色に出てくるものと思案します。出ることが順調にいきませんと非常な苦しみとなります。これを思えば、日々結構に出させていただけることは、まことにもって有難いことと言わねばなりません。

惜しみなく食べさすこと

　このようにして親神様は、人間の身体《からだ》を養《やしの》うてくださるのでありますが、これは皆、親神様の真実であります。お互いお道のご用をさせていただく者は、この真実を皆にもろうていただく、これが仕事であって、ほかに仕事はないと言えましょう。してみれば、親神様の真実がこもっている食べ物を人に差し上げるのに、惜しみの心をかけることは非常なほこりとなります。惜しみがつくと正味がなくなるのです。そこで、人に惜しみなく食べさすことが、人に満足を与える根本となります。何といっても人間は、とどのつまり食べることが満足の最高のものです。したがいまして、食べ物を通じて人に満足を与えることが、大きな働きをする元となるのであります。

　大和御幸《やまとみゆき》分教会を設立されました春野喜代彦《はるのきよひこ》先生が、勤めをやめて布教する心定めをされたのは、教祖七十年祭の時からです。とはいっても本部のご用はあるし、地元の天理市では大抵の人がどこかの系統について信仰していますから、なかなか道がひらけません。そこで目をつけたのが、工事に来ている人たちですが、それとても簡単には聞いてくれない。

そのころ北大路のほうに、たくさんの飯場が立っていましたが、聞いてみると、その中で親方の手に負えんという人も大分いる。働いて一カ月分の給料をもらうと、一晩のうちに使ってしまい、おまけに借金を背負い込む人もある。親方も困っている。そういう人たちの世話をさせていただこうというので、小さな布教所に十五人ほど預かって、雑炊などをつくって食べさせました。無料で寝泊まりでき、食べさせてくれるのだから有難いわけです。

それでも、なれてしまうと恩がわからなくなるもので、ある時こんな事件が起こりました。いつもいつも雑炊ではいくまいというので、一遍すき焼きの真似《まね》事をし、お酒も多少出しました。春野先生はその間、おやさとやかた普請の現場におられたのですが、そこへ電話がかかってきた。久しぶりに飲んだので、ある男があばれ出し、奥さんを殺してやると言って出刃包丁を持ち出して、とうとう屋根の上の物干しまで追いつめているから、すぐ帰ってきてほしいとのことです。

といっても、もはや間に合わない。とっさに地面にひれ伏し、かんろだいのほうを向いて「どうか私が帰るまで、命をお貸しいただきたい」とお願いして帰ってみると、大勢でようやくなだめ、本人を寝かしつけたところであった、ということです。こんな人ですから、さめたらケロリとしています。

翌日からまた雑炊です。ところが先生の奥さんは、そうしてみんなに食べさせといて自分だけ食わんのです。台所へ行って水道の水を大ジョッキで、たて続けに三杯ほど飲む。それを、よう飲む人やなあ、水好きにも程があると、あきれて見ていたそうです。ところが、ある人がふと、奥さんはおれたちに食わしておいて、自分は水を飲んですましていると気がつきました。それが心にこたえ、ようし、おれも悪《わる》やが男だ、こうなればだまっておれん、やったる、というド根性ができたそうです。この人が一粒の種となったとお聞きしました。

それから大して年月は経《た》っていませんが、つい最近移転して、素晴らしい神殿も建築されました。このような姿になってきたのも元があるので、一杯の雑炊、一杯の水でもそこに心さえ通うたら、どんなことになるかもしれんのであります。ひょっとしたら、あの時奥さんが飲んだ水は、一杯何千万円もする値打ちのある水ではなかったかと思うのです。そこに私は、食べ物の大切な点があるように思うのです。

言い換えますと、惜しみをかけず、真実の心から人に食べさせたものが、血となり肉となるのであり、それがまた自分の血肉となって返ってくるのです。

何でも呑み込むド根性

頂いたものが血肉となって身についたら、やせるということはありません。ところが、どうかすると教会が太らずに、だんだんやせることがあるのは、親という理を腸まで入れて吸収できんところから起こってくることではないでしょうか。口へ入れるが、こんなもの食えんと言って外へ戻すから、栄養にならずやせてゆくのです。いかなることでも全力をあげて噛《か》み砕き、それを呑《の》み込む時、それが身についてくるのです。

引き戻すのは、時によると命にかかわります。引き戻すとか突っ返すのは、やはり短気な人が多いようで、人間というものは胸元がムカムカすると吐き出します。その短気な心をグッと呑み込むことが肝要と心得ます。つまり、刀であろうが何であろうが、呑み込んでみせるというド根性があって初めて、親神様に働いていただけるのであります。

松村吉太郎《まつむらきちたろう》先生が、よく言われたものです。

「人間の一生は、一生かかって魚一匹食うようなものじゃ。鰯《いわし》一匹、鯖《さば》一匹なら食べやすいが、大きな鯛《たい》一匹となると、骨が硬くて食べにくい。それでも頭から尾まで食べねばならんのやが、若い歯の丈夫な時に骨を嚙み砕いて食べておけば、あとは身が残り、年とって歯が抜けてしもうてもおいしく食べられる。反対に、若い時に身を食べると、あとになって困る。このように、どんな人でも神様は、否《いや》でも応でも一匹食べさせてくださる。人生はいいことずくめではないということやな。で、えらい人ほど硬い骨と取り組むとみてよい。その取り組み方は、まず骨から片付ける。これがわしの信念や」と。

私たちも、そういう点を思案して、一生を通らせてもらうことが肝心かと思います。

呑み込みのいい人

食べ物を口に入れますと唾《つば》がまじります。この唾という、うるおい・ぬめりがあるので、どんなものでも頂けるのであります。唾とうなぎのぬめりは一つ理のもの、と聞かせていただいております。

天の理の話ならば、どんなものでも呑《の》み込むという心の者には、神様は十分なぬめりをお与えくださると思います。そこで上級から、自分の力ではとても呑み込めそうもないご用を頂いたような時、喉《のど》がカラカラに渇いて、ぬめりがすっかりなくなったということを経験された方はありませんか。ここのところを一つ、研究していただきたいのであります。

私はよくしゃべるほうで、二時間でも三時間でも平気であります。ところが真柱様の前で別席の台本の試験を受けました時、ものの三分もしないうちに、喉がカラカラになって声も出なくなりました。ようやく及第させていただきましたが、聞いてみますと、ほかの人も同じ経験をされたようです。

ここから思案して皆さん方、これからいろいろのご用を仰せつかります。自分にも言いたいことがある。その時考えてほしいのは、自分の喉にぬめりがあるかどうか。もしカラカラやったら、小魚一匹、喉を通らんことになります。こんな時は大分さんげをし直さねばならんと思わせていただきます。

ところで、世界では水気上げ下げの守護の理に、なぜくもよみのみことという神名をつけられたかということです。これは私個人の悟りですが、漁師にとって大切なのは天候ですね。あの山の端に、こんな形の雲が出たら雨になるとか、この雲になると気をつけねばいかんとか、実によく雲の動きを読みます。そうでなければ命にかかわるのです。そこで漁師の方は、水気上げ下げの守護の理にそのような神名をつけられたことを、わがことのように理解されることと思うのであります。

お道で申しますと、ぢばや上級に現れる理の動きが雲であります。お互いは、その雲をもっと深く、もっと早く読み取って、十分ご守護を頂けるよう努力したいものです。間違いなく読み取れ、直《ただ》ちに行動にかかるようになれば、不自由せずに通れるようになると思います。

愛町《あいまち》分教会の初代・関根豊松《せきねとよまつ》先生のことは、よくご存じのことと存じますが、大分前のこと、ある日突然、二代真柱様が青年一人を連れて愛町にお立ち寄りになりました。予告も何もなしに五分間ほどでお帰りになったのでありますが、とっさに奥へ走った関根先生は、お帰りの時、お伴《とも》の方に新聞紙で無雑作に包んだものを差し上げたとのことです。お菓子か果物かと思って開けますと、それは莫大なお金でありました。

その後、関根先生は役員の方を呼んで言われたそうです。

「今日、はからずも真柱様がお入り込みくださった。予告もなしになぜ来られたか、とっさに考えたところ、心に浮かんだのは、近々真柱様がアメリカへ行かれるということである。そうなれば旅費もいろいろと要《い》る。そこで、その一部分を私にさせてくださるのやなと、言わん言えんの理を自分の心で呑み込んで、あるだけを運ばしてもろうた。ところで、これだけなら自分一人だけの理になってしまうので、ここにいる皆さん方にも、おすそ分けさせていただきたいと思う。ここにある盃《さかずき》一杯が〇万円として、何杯でもよい、心ある人は受けていただきたい」と。

やっぱり、呑み込みのいい人の所には、呑み込みのいい人が寄ってくるので、たちまちそれ以上のお与えがあったと聞きます。万事につけ、呑み込みのいいことが肝心で、文句を言うて吐き出しておったら、教会もやせ、信者もやせ、たすからん姿が出てまいります。たくさんの信者を預かり育てる立場にある者は、信者に喜んでもらうことを考えることが大切と思います。

しかし、今の関根先生のように、早く呑み込むことができるようになるまでには、なかなか日時がかかるのが普通であります。これは郡山大教会二代会長を務められた増田《ますだ》甚七《じんしち》先生の懐旧談ですが、舞鶴《まいづる》――小浜《おばま》線が開通したころ、小浜にある現在の北陸《ほくりく》大教会から平野楢蔵先生の所へ電報が来て、身上が迫っているから、すぐおたすけに来ていただきたいとのことです。その時、平野先生には一銭の旅費もなかった。かといって、歩いていっては急の間に合わない。そこで思いついて増田先生の家へ行かれました。

当時、増田先生は呉服屋を営んでおられましたが、店先に立った平野先生が「今から若狭《わかさ》までおたすけにやらしていただきます」と挨拶《あいさつ》されると、「それはそれは、ご苦労さまです。道中気をつけて行ってらっしゃいませ」

と、月並みな返事しか出てきません。しばらくしたら同じ挨拶です。埒《らち》があかないので平野先生は、わらじを脱いで座敷に上がり、また同じことを言われた。三度目でやっと気がついた増田先生が、「私としたことが申し訳ありませんでした」と、その辺にある金を皆、差し出されますと、平野先生はそれをひっつかむなり、裸足《はだし》にわらじを下げて駅へ走り出されました。

その後ろ姿を見ながら、増田先生は「おれも呉服屋の旦那として多少の人を使《つこ》うている身であるが、こんなことに気がつかぬとは、われながらあほらしい。恥ずかしいことや」と涙を流し、「今日限り会長さんの小遣いには不自由させません」と誓われたそうです。小遣いとは旅費のことです。この辺のところが、お互いがご奉公させていただく根本の理念ではなかろうかと思わせていただくのであります。今日ともなれば旅費も相当に要るわけですが、その点にご用の一つの道もあいてくるというものです。

親と子のご恩の報じ合い

私が岐阜教区長をしていた時分のことです。本部の月次祭の時、教区管内のある婦人布教師が私の宅を訪ねて見えました。いつもは粗末な着物を着ていますのに、その日は見違えるばかりの立派な、らくだのコートを身に着けているではありませんか。何かいわく因縁があるやろうと聞いてみると、次のような次第でした。

彼女は岐阜県の山の中で布教をしている方ですが、そこからまた山道を六キロほど歩いた村の村長さんの家人が七、八年、関節リウマチを患《わずろ》うておられ、そこへ通うこと既《すで》に一年近くになっています。その間、まだ身上のご守護を頂くところまでは行っておりませんが、理の話だけは思う存分取り次ぐことができました。それにより病人さんは、寝ていても何かご恩報じの道がないかと日々考えていたようです。

ちょうど雪が降ってきた日のことです。「先生に一つお願いがあります」と言って、病人さんが話しました。

「箪笥《たんす》の中に、らくだのコートが眠ったままになっています。そのコートを、先生がおぢば帰りされる時と、おたすけに行かれる時に身に着けていただきたいのです。私の代わりにコートが、にをいがけ・おたすけに運んでいると思えば、私として、どれだけうれしいかわかりません。で、私の願いとは、先生のことですから、ひょっとしたらこれをお供えされるかもしれん。そうそうしたら、どこの人の手に渡るかわかりません。そんなことのないよう、ぜひ着ていただきたいのです。お金のご用は何とでもさせていただきますから、よろしくお願いします」

こういう意味合いの心のふれ合い、そこに親と子の、物を通してのご恩の報じ合いがあります。かくしてこそ理の聞き分け、おつくしといわれるものも、できてくると思うのです。教祖は一つの物でも手で温めて与えられたと聞いていますが、ここに、人のうかがうことのできぬ心の誠が、相手の腹の中まで沁《し》み込むことになってゆくのです。

「まま食べるのも月日やで。もの言うのも月日やで」と聞かされますが、一飯のご飯も、まことに月日のおかげであります。この日常の平凡な事実に無限の喜びを見いだし、感謝して通らせていただくならば、どんな大きな理が生まれてくるかわからん、と常に思わせていただくのであります。

かしこねのみこと

声は肥

かしこねのみことは、人間身の内の息吹き分け、世界では風の守護の理、と説き分けられていますが、この息吹き分けということの中に、話し合うということがあります。

人間の世界は、お互いに話し合う、語り合うということがなければ、まことにさびしいものと思います。その点、人間は結構なもので、地球上に生きるもので十二分に話し合うことができるのは人間だけでしょう。こんなことは当たり前のことやと私たちは思っていますが、鳥や獣から見たら何とも言えん、うらやましいことであろうと思わせていただきますとともに、それなればこそ、人を喜ばすことにこの声を使わせてもらわねばならん、と常に思うのであります。

ところで〝声は肥〟と聞かされます。私たちが声をかけるのは、肥をやるのと同じことで、ものを育てることになります。ところが、あまり強い肥をかけますと枯れることがあるように、声も、あまり強い声、きつい声をかけるといかんのであります。

人を褒《ほ》める声を日々に使っていますと、自然のうちに、いい声を与えていただけるようになります。人を褒めることは、人もうれしいし、こっちも楽しい気持ちになれるのです。

私は親代々の肺病いんねんで、もともと声がよくありません。歌も下手《へた》です。十八歳にして大病を患いました時、身体《からだ》も弱り声も出なくなりました。病み上がりのころは、十分か十五分話をしたら、胸に鉛をあてられたように重苦しく、二、三日は困ったものです。つくづく自分は声に縁がないなあと思いました。

しかし、お道を通らせていただく以上、話一条はたすけの台、どうでもこうでも声が出せるようご守護いただかねばなりません。そこで神様に「私を道のご用に使《つこ》うてくださるなら、話ができるだけの声をお与えください。その代わり世界で歌うような酒席の歌は絶対口にしません」とお願いし、おかげで今日、相当長時間でもさしさわりなく声が出るようになり、まことに幸せと喜ばせていただいております。

世間には、何か言うと人の心を曇らせたり、怒らせたりする言葉を使う人がいます。一言居士《いちげんこじ》というやつで、文句を言わんとおさまらんのです。こういう人は必ずドラ声、悪声になると思います。

話すというのは心を通じ合うことですが、残念なのは、親子でも夫婦の間でも、話すに話せん、聞くにも聞けんという場合になることがあるわけです。こうなれば、せっかくの家庭も味気ないもので、その点、常に遠慮なく話し合いができ、また聞くことは十分聞かせてもらうよう心がけたいものです。人の言うことを聞きませんと、あんなやつには黙っておけ、聞かしてもしようがない、ということになり、これもわびしい姿です。

私が思いますのに、中耳炎など首から上に現れてくる身上は、人を憎む心を使っている場合が多いようです。不足も多い。そこで、首から上の身上のさんげは頭を下げることが土台で、この心が治まっただけで、ほとんどたすかると思います。頭を上に上げる人間が偉いと言われるかというと、その反対で、下げる人間が賢いと言われるのです。その証拠に、子供がよその家に行った時でも、「こんにちは」と頭を下げたら「お利口さんやね」と言われます。

上の人に心から頭を下げて通らせてもらえるようになったら天の与えに不自由しない、下の者に下げて通れば地の恵みに不自由しない、と言われます。したがいまして、ご守護を頂こうと思えば、下の者にも頭を下げる人間にならせてもらわねばならんと思うのであります。

大体、人間が生きてゆく上に必要なお宝は、地中にしまい込まれているものです。地中には金・銀・鉄・石油など、何もかもあるのです。空には特別喜べるようなものは何もありません。そこで、上ばかり見て通っていたら、ソラ見よ、と言われるようになるのです。下の者に頭を下げるのはあほらしいようなものですが、その人を通して大地に頭を下げるのだと思えばよいのです。それができるようになったら、衣食住に難儀することはありません。

十分言わせ十分聞く

息吹き分けには、耳・鼻・口などの道具が関係してまいりますが、その中でまず耳から申しますと、「耳は、聞いて身につく、聞かせて身につく、その理でミミと名を付けてある」と聞かせていただきます。ここからして耳というのは、たとえ聞きづらいことであっても、あの人は私のことを思うてくれるからこそ言うてくれるのだ、というふうに受け取らせていただくようになりたいものです。また、たくさんの道の子を導いて通る者は、どんなことでも相手の身になって聞かせてもらう心が必要です。

この耳の下のほうが耳たぶです。なぜ耳たぶというのか。「一升びんに酒が二、三合しか入ってないと、タブタブとたぶつく。そこで、たぶつかんよう十分たっぷり聞いてやれ、というところから耳たぶと言わせてある」とも聞かせていただくのであります。

子供の言うことを十二分に聞いてやるのが親です。ところが、上の立場になればなるほど、下の者の言うことはわかっているのです。神様なれば、ましてわかっておられます。けれども、そこを言いたいのが人間であり、子供であります。

時によると、聞いていて、もう、うるさいな、と思うようなこともあります。しかし、そんな時でも相手に十分言わせ、こちらも十分聞いてやるというと、今度はこちらが言うことは十分の一ですむのです。

この間も、本部のご用で遅くなり、家に帰ったら既《すで》に十一時でした。家では七十幾歳のおばあさんが私を待っていて、ややこしい事情の相談です。私は何か言うて聞かさねばならんのですが、まともにやっていると、一時間二時間では片がつかん。半日かかっても、ハイ、ではそうしますと聞き分けてくれるかどうか、というようなものです。

そこで聞くほうに回ったのですが、長い話です。そうして、十二分に待って最後に、どうせこうせと言わないで「私やったら二つの方法がある。これより解決の方法はない」とだけ申しました。たった一分間です。その話がピシャリと入って、「ハイ、わかりました」と、さっさと帰ってゆかれました。

この時、こちらが十二分にしゃべって納得さそうと思ったら、とてもこういう具合には行かなかったでしょう。

こちらがたっぷり聞いてやれば、相手は必ず満足します。十分に聞いてやらないのは親の理に欠ける、とも言われます。理が欠けては元も子もありません。そこで、理が欠けんような道を通ったら、相手が素直に聞いてくれるというご守護が自然に現れるのであります。

次に鼻ですが、鼻は俗に、鼻息をうかがうなどと申しまして、なかなか大切な道具です。ところで、鼻の穴は下を向いていますね。この点を一つ思案したいものです。大体、下を向かねばものを考えられないのです。ロダンの「考える人」という彫刻も下を向いています。そこで、人間の鼻が下を向いて付けられているこ

とだけでも、なんぼ有難いことかと思わせていただきます。

息ともなれば風ともなる

さて、この鼻と口で息吹き分けをするのでありますが、これが私たちの心の理一つによって、息ともなれば風ともなります。子供は親の息で育つもので、風を当てれば育たない。大変なことになります。風にもいろいろあって、親風、先生風、社長風などを吹かすようになると、波風が起きてきます。風を立てんよう、お互い心がけたいものです。

不足を言うのは、小さい声であっても風の吹いた理と同じことになります。隙間風《すきまかぜ》みたいなものです。冬でも一番寒く感じるのは、この隙間風です。不足や悪口はいけません。風邪の元になります。そして風邪は万病の元です。そこで昔の方はよく、悪口を言うと風邪をひくぞ、と言われたものです。

もっと大きな風が吹きますと、波が立ち、船でも難破します。自分では大丈夫と思っていても、思いもかけんところで壊れる、ダメになる、という結果になるのです。

そこで、こういうようにならんように、どう息の吹き分けをさせてもろうたらいいかということですが、何か事が起こった時、よくても悪くても「いや、私が悪うございました」という息の吹き分けをする。それが誠の言葉やと言われます。どんな場合でも、率先して素直にその言葉を出せば、それ以上波風は立ちません。そこで、その言葉が自然に出るようになれば、その人は誠と言えるのです。

人の悪口・陰口を言う。人をそしる。これが、かんしゃくのかんということになるので、ここからいろんなものが出てきます。子供でも、この子はかんが強いとか何とかよく言いますが、かんが強いとかかんしゃく持ちで、これでは物事は成ってきません。関西弁で申しますと、あかん、ということになってくるのです。

人を褒《ほ》めると借金を返した理になります。金が返せなくて困っている人は、大いに人を褒めて理をつくればよろしい。陰口は新しく借金したのと同じ理である、とも聞きます。反対に、陰で人を褒めた理は陰徳となります。表で人を褒めるのは、その場の喜びだけで積み重ねになりません。こうした神の清算勘定を覚えておきたいものです。

こうしたことから、昔の先生は「結構は与えやで。結構々々と喜ぶ心が治まれば与えは入ってくる」と言っておられるのであります。御津《みつ》大教会の初代会長・小松駒吉《こまつこまきち》先生は、五十年余りもお道を通られて出直される前、世間で申しますと辞世ということになりますが、色紙に「結構やで。喜びや」と書かれたそうです。それが先生の五十年の信仰の精神であったのです。そこで、御津では今でもこの初代のお心を心として通っていると、聞かせていただいたことがありますが、このように何でも結構と喜ぶところに、天の与えもおのずと授かるものと思います。

言葉の中で一番悪いのは、えげつない言葉です。この中には毒があって、こうなれば煮ても焼いても食えません。人を傷つけ、自分にも毒が回って、手足の自由が思うようにならん結果となります。

また、言葉で相手を言い倒さんようにしたいものです。少々荒い言葉になることは、場合によりやむを得ませんが、相手を逃げ道のない所まで追い込むことはよくありません。戦争でも一人残らず殺そうなどと考えたら、相手もそれこそ死に物狂いになりますから、かえって敗れます。そこで戦略家は、そんな時は四方を囲まず、一方をあけておいて攻めるものです。人を仕込むについて、叱《しか》っても、その人のために逃げ道を用意しつつ仕込んでゆくことも必要で、それを考えませんと、蒸発するとか道を離れるとか、いろいろのことが起こって、仕込んだことにならないということにもなるのであります。

不足は切る理で、不足の言葉は自分の運命を縮めます。知らずしらずのうちに会長や上級の悪口を言っている方を間々見受けますが、親の不足を言わねば満足できない人は成人できてない人で、まあ子供みたいなものです。子供では人を預かり育てることができません。神様も、そういう人の所へ大切な子供を預けてくださらぬのであります。そこで、親の不足を言っていては信者はついてこないことになるのであって、これでは教会は立ってゆきません。

教会は神様の子供を預かって、お守《も》りする所であるとも言えるわけですが、子供は背中に背負って育てるのが一番いいそうです。私の知った女の方は、冬のさ中でも、自分も子供も裸になり、肌をぴったり合わせておんぶしていました。すると、おしっこもしない。親がする時に、子供もさせておくと大丈夫だと言っていました。このように肌と肌をくっつけて、頭の先から足の先まで親と同じ体温にすると、余計な心配はしなくてすむというわけです。つまり、親にもたれていたら心配はないのであります。そこを人間思案でいこうとするから、調節のとれた守護は頂けないことになってくるのであります。

タダ働きに値打ちがある

「この世の地と天とは実の親」と聞かされます。地には人間が生きてゆく上に必要な、すべてのものがあることは最前申し上げましたが、目に見えない空気も大切なものです。空はカラで何もないようですが、そこにまた何とも言えん尊いものがあるのです。

私たちは無料で空気を吸わせていただいていますが、この空気をものの五分間も吸わなんだら命はない。飯は一日くらい食べなくても平気です。空気の中に、それほどのカロリーがあるとは思われませんが、たとえてみれば機械にさす油のようなもので、これなくしては自由《じゅうよう》はかなわないのであります。

そこで考えたいのは、タダのものを、もう一つ有難く尊く思える人間にならねばならんということです。本当のタダ働きが一粒万倍になるのです。この理だけが何年経《た》っても消えずに残るのです。教祖も一生タダ働きをせられたのであります。

人間の親もタダで子を育てますが、そこに親の値打ちがあるのです。娘も成人したら嫁に出しますが、わが身をつめても娘に道具を買ってやり、二度と戻ってくるなと言って送り出す、そこに無限の尊さがあるのです。かと言って親は、子供に感謝をせよと言うのではありません。しかし子供としては、その親への心づくしが一番大切になるのです。日々親に、また天に手を合わせて感謝する心で通れる人間になれば、天地に通じる素晴らしい人間になれるというものです。

教祖の新墓地築造の時

　話は変わりますが、明治二十年に教祖がお姿をかくされまして、おんなきがらは、最初は善福寺に葬り申し上げたのであります。ところが、まことに粗末なものでありましたので、平野楢蔵先生は明治二十二年ごろ、郡山一手ででも教祖のお墓地を新しく造らせていただきたいという念願を本部へ申し上げたところ、いずれその日が来るから待ってほしいとのことでありました。

　その後二十五年になって、本部において新墓地築造の議が進められ、神様のお許しを頂いたので豊田山を買い入れることとなり、これもお許しを頂きました。次いで、どの程度の規模にするかについて相談し、お伺いしたところ、「ほんにこれかいなあ」というようなものにするなら受け取る、というお言葉です。親のことは仮でよい、ということです。

　しかし、ほかのこととは違いまして、お墓地はそう何遍もやりかえるわけにはいきません。石碑でも、あとからだんだん大きくするという例はまずないのであります。同じ造らせていただくなら、のちのちの人のためにも恥ずかしくないものにしたい、という希望はありましたが、神様のお言葉にそむくわけにはいきません。初代真柱様も、この問題に関して苦慮しておられました。

その心を察知した平野先生がお考えになったのは、親のことは仮でよいと言われるのは親として当たり前のことである。しかし、われわれ子供としては、大恩ある教祖のことをおろそかですますことはできない、ということでした。そこで、おさしづにそむいて命をなくするようなことになっても自分は本望である、精いっぱいのことをやらせていただこう、と心定めをしてかかられたそうです。

この工事にはいろいろの話があるのですが、郡山として困ったのは石工です。これがなかなか見つからないので困っていました。ところが、平野先生が決断をされる二カ月前のある日のこと、一人の男が先生を頼ってやって来ました。この男は昔、平野先生が侠客《きょうかく》であったことを知ってやって来たのですが、今はもうそれとは縁のない天理教です。それでも先生は、せっかく頼ってきたんだから、だまって飯を食わしておいてやれ、と引き受けられた。

かくして、その男は毎日、腹いっぱい食っては二階で寝ころび、ひのきしんの手伝いは一切しない。非難する人も当然出てきました。

ある日、みんながひのきしんの進め方について大声で話し合っていますと、その男がひょっこり下りてきました。「今、石工石工という声が聞こえたが、ほかのことは別として、石に関してはわしもちょっとした人間や。役に立つことがあるなら言うてくれ」とのことで、実際にやってもらうと大した腕で、工事は大いにはかどったそうです。

つまり、神様は二カ月も前から必要な人間を、ちゃんと引き寄せてくださっていたのですが、それがわからんから人間は、やかましく言う。いくらやかましく言われても、出番が来るまでは、その男は何もすることがないので、食っちゃ寝でゴロゴロしておったというわけです。

余談になりますが、教会にはこんな人間が時々舞い込んできます。無駄飯食うだけで少しもものの役に立たんのですが、いざ鎌倉という時に、びっくりするような働きをしてくれることがあるのです。これを思えば、どんな人でも大切にしなければいかんと思うのであります。これが普通の守護ではなく、水際立った守護を頂く元ともなります。

おたすけの場合でも、あの人は貧乏で貧乏で、おたすけしてもどうにもならんというような立場の人をおたすけさせていただくことが、やがて大きな守護を頂く元となるのです。また、こういう人をおたすけさせていただくことが、すなわち教祖のもっとも喜ばれるところなのであります。

中川よし先生が丹波《たんば》におられたころ、だまされて案内されたら、人間らしい生活もできていないありさまでありました。そんな時でも先生は、いかなる姿をしておろうと、人間としてこの世においてもろうている間は、尊い値打ちのあるものやとして、熱誠込めておたすけされましたが、この辺のところをよく承知したいものであります。

犠牲がいる錦の仕事場所

私がだんだん教理を聞かせてもらっているうちにわかりましたことは、同じ命懸けでかからせてもろうても、私たちのご用には二通りあるということです。つまり、ほこりの仕事場所と錦の仕事場所です。

私たちがおたすけにやらせていただく時、残念ながら相手は、色に迷い欲に迷ったあげく、身上・事情に苦しんでいるという人が多いのであります。そんな所へ飛び込んでゆくのですから、こちらもほこりにまみれねばならんということが起こります。たとえて申しますと、溺《おぼ》れかかっている人をたすけようとすれば、どんな汚水であれ、水の中へ自分も飛び込まねばたすけられません。おたすけに際しても、これと似た事情があると思うのです。きれいごとばかりではいきません。

飯降伊蔵先生が本席と定まる前、約二週間にわたって身上が迫り、その間、人間的なほこりを全部、油汗のように流し出し、芯の骨がすげ替えられて、錦の仕事場所となられました。このご本席を通じてさづけの理が渡されるようになったのですが、さづけはほこりのうずまく中で取り次いでゆくことが多いものですから、考えようによれば、ほこりの仕事場所ということになりましょう。

もう一つのおつとめ。これは神様のお働きそのものズバリで、たすけていただくのであります。そこで、お道でもっとも根本となるのはおつとめであって、心から勇んでおつとめを勤めさせてもらうことが、無い命でも延ばしていただく元となるのであります。語源から申しますと、つとめの「つ」は切れることを意味するそうでありまして、切れるのを止めるのがつとめです。ここのところを真剣に聞き分けたら、末代の理を頂く元となるのであります。

神様の思召《おぼしめし》は、世界一れつを澄まし、この世を陽気ぐらしのできる、きれいな世界にしようというところにあると聞かされています。現在はその途上でありますから、思召どおりというわけにはいかず、命をなくする人も出てきます。しかし私は、たとえ何人出直そうともビクともせんのであります。私どものいんねんを切っていただき、錦の仕事場所をつくる道が開けてくる途上においては、私どもは何の上についても相当な犠牲がいると、覚悟しなければならんと思うのであります。

これがわからなかったら、「あの人はあれほど一生懸命やっているのに、なぜあんな齢《とし》で亡くなったのやろ。これじゃあ天理教も何のことやらわからん」と頭をかしげる人も出てくるのであります。しかし、これは一つの道程で、世界の人間が、ほんになるほどと神様のお心をわからせてもらう時が来たら、あれはああいう神様の思惑であったのやなあと、納得できる日が来るのであります。だから、私たちが本当のお道をわからせてもらうのは、まだまだ先のことであると思うのです。わからなくても今、私どものなすべきことは、疑わずにぢばの声に沿うて、思い切り突き進ませてもらうことなのであります。

神様のお心を知らせていただく根本はおふでさきでありますが、そのお歌の一つでも深く考えてゆきますと、今の私どもではどういう意味か解決のつかんことが多々あります。本部でおふでさき研究が盛んになりましたころ、教祖時代からの方である高井猶吉先生の所へ行けばわかるであろうというので、ある方が訪ねていかれたところ、「そこのところは、わしにもわからん」とのことです。わからんというようなことは、少々の立場ができますとなかなか口に出せんことですが、高井先生くらいになるとあっさりしたものです。「神様は、成人次第見えてくると言われるんじゃから、いずれわかるようになるやろうで。ハハハ……」

おふでさきは、世界をろくぢに踏みならし、世界を澄まし、世界をたすけるための土台となるお言葉であります。今だけに通用するものではなく、百年・千年のちの人にも通用する深い理があるのです。今の人は今なりの信仰で悟っているのですが、百年も経《た》てば世界も変わり人間も変わります。したがいまして、解釈も時代と共に、より深く、より新しい悟りの道となるに違いありません。

それを性急に、今わからんから信仰せん、わからん間は進まん、というようなことを言っていたら、永久にわからんことになると思います。お道のわからんところは、そのままでおいとけばよろしい。それが三つ子の態度なのです。そして今は今なりに、一生懸命に進むのです。やがて次第に成人し、心が澄んできて、ようわからせてもらいましたと神様にご挨拶《あいさつ》できる日が来たら、神様も、ようここまでついてきたと、褒《ほ》めてくださるのです。そうなることを信じて、お互いまっすぐに通らせていただきたいものです。

たいしよく天のみこと

切ること一切の守護の理

七柱目のたいしよく天のみことは、出産の時、親と子の胎縁を切り、出直しの時、息を引き取る世話、世界では切ること一切の守護の理、と説き分けられております。

切ることとは、つなぐことと反対の守護でありますが、お道では、つなぐことと切ることとは一つ理のものと思わせていただきます。早い話が、つなごうとすれば、物事が切れておって初めてつなげるのであります。同じ理合いによって私は、儲《もう》けることと損すること、出ることと入ることも、また一つ理のものと思うのであります。

人間はややもすると、出ることは損、入ることは得と思いやすいものですが、必ずしもそうではなく、出ることが儲ける理になるのであります。こうした理を体得させてもらうところに、ご守護を頂く元があると思わせていただきます。

切れるというと、何か悪いことのように受け取られがちですが、考えてみますと、切れることが生まれ出す元となるのであります。お産の時に親と子の胎縁を切っていただく、そこに初めて子供が生まれてくるのであって、切ることがそのまま生まれることになるのであります。

昔から死ぬことを往生と言っています。あの世へ往《い》ってすぐ生まれるという意味が、そこにあるようです。ここから考えまして、もうダメだという最後の土壇場《どたんば》まで行った時に、かえって生かされる道があいてくるのであって、お道でもそこまで行かなければものになりません。途中でやめるから、何にもならんことになるのであります。

それでも、切れたら困る、それは嫌《いや》じゃ、待ってくれというように、引き延ばしてほしいというのが人間の願いであります。つまり、無い生命でも引き延ばしていただきたいというのが、人間の本当の気持ちであります。その気持ちに応える道を教えてくださったのがつとめで、つとめほど有難いものはございません。

でありますから、いそしんで楽しんで、おつとめをさせてもらわねばならんのでありますが、心が澄まないうちは、なかなかそうはいかんもので、ここに絶えざる心の成人が必要となってくるのであります。

みかぐらうたには、

いつもかぐらやてをどりや
すゑではめづらしたすけする　　六下り目　5

と教えられていますが、私はかつて、「末では珍したすけする」という先のことではなく、「今からすぐにたすけする」という具合にしてもらえんものやろうか、そうなればまことに都合がよろしい、と思ったことがあります。しかし、ご神言を人間の都合で直すわけにはまいらんのであって、今直《ただ》ちに願うようなご守護は見せていただけなくても、末には必ず珍しいたすけを頂けるものと固く信じて勤めさせてもらう、それが現在のあり方であります。

現在の私たちは、つとめの理の大切なことは、だんだんとわからせてもらえるようになりましたが、心の底から喜んで勤めさせてもらうというところまでには、なかなか行きにくいものであります。月次祭の前日から、うれしくて楽しくて眠られないという人はまず少ないと思います。うっかりすると、もうひと月経《た》ったかというような気持ちで勤め、そのくせご守護だけは一人前に頂きたいと願うのは、少々あつかましいということになります。

思い切る理が大切

ところで、種というものは生命を温存しているものですが、種のまま大事にしまっていては新しい生命は生まれてきません。種は蒔《ま》くものです。蒔いたら種はくさって、そこから新しい芽が生えてきます。ここから考えますと、種を蒔くとは種をほかすことであり、そうすることによって初めて新しい芽となって更生するのであります。種は値打ちのあるものやと言って、一度蒔いた種をほじくり返してしまうということをしていては、何にも生まれてきません。思い切る理が大切で、そこに時を経て新しい芽を出させていただくという、ご守護を見せていただくことになるのであります。

よふぼくがおたすけに当たらせていただく上についても、思い切る理が大切であります。おたすけというものは大体、一番初めに何をするかと申しますと、相手が嫌《いや》がろうがどうしようが、ともかく病の根を切る、いんねんを切るというのがその仕事であります。切らねば話にならんのであります。ここから考えましても、たいしょく天のみことの守護を頂くことが、お互いよふぼくにとって、いかに大事であるかがおわかりいただけることと思います。

切ることは、食物で申しますと、嚙《か》み砕くという姿になります。歯で嚙み砕き、それを胃に送り込んで、さらに細かく砕いて消化吸収するのであります。そこで昔の先生方は、おたすけに行く時の心得を、よく次のように申しておられました。

相手に話を聞かせるのに、生《なま》のままの話ではいかん。母親が自分の口で十分に嚙み砕いたものを、子供に口うつしで食べさすのと同じようなものである。神様のお話を、その人の口に合うところまで嚙み砕いて聞かせてやる。それでも呑《の》み込めない者は、一日でいかねば二日、一月でいかねば二月というように、一年かかっても二年かかってもやる、それがおたすけ人のド根性や、と言われたのであります。

余談になりますが、歯を丈夫にしようと思えば、子供の時分に固いものを食べさせるのがよいそうです。このごろの子供はビスケットやソフトクリームなど、歯ごたえのないものを好み、親もそれがよいと思っているようですが、こんなことをしていたら終生、困らねばならんことが出てくるのではないでしょうか。

歯は小さい時に鍛えることが大切であります。鍛えられることが、生涯の宝となってくるのです。私が幸せであったと思わせていただくのは、大正十二年に本部に勤めるようになったころ、ご母堂様からきびしく仕込まれたことであります。固い歯で頭からバリバリと噛み砕かれるほどきびしく仕込まれるところに、たすかる元があり、また成人も早いと思わせていただくのであります。

私がまだ若い時分、心臓脚気《かっけ》を病み、四十二度という高熱で身動きもできないで、丸太のように寝ころがっているだけという事態になったことがあります。重湯も喉《のど》を越すのがむずかしいというほどになりました。困った父は私に、牛の乳（当時は牛乳《ぎゅうちち》といって、ぜいたくなものとされていました）を買って飲ませてくれました。そこへ永尾《ながお》よしゑ奥様が見えて、「あんたはな、牛に乳もろうてまでたすかりたいのか」と、私をきつい目でにらみつけられたのです。

その時、私は素直にそれが心に治まりました。そうや、そうまで言われたんでは、よしんばたすかったとしても末代の恥辱である。おれは死んでも飲まん、という心ができたのです。乳より、この根性のほうが利益《りやく》があって、それにより立ち直る気力が湧《わ》いてきました。人だすけのためには、それくらいの思い切った、切れ味の素晴らしい諭しもなければ、たすからんことがあるのであります。

切れ味のよい道具

私が思いますのに、大体切れものは、よく切れるほど気持ちがよいものです。包丁でも切れ味の悪いのを使う時は、まことに難儀します。切れものには刀とか鋏《はさみ》とか、いろいろあるわけですが、一番切れ味のよいのは鉄でつくったもので、金や銅でこしらえた鋏は役に立ちません。

値打ちからいうと、金属の中でも金は、素晴らしく値打ちがあって高価なものです。地金のままでも人に貴ばれます。しかし、鉄の塊なら値もつかんのであります。それだけ違うのです。

人間の世の中にも、金、銀、銅、鉄等々、いろんな素質の人がいます。前生の徳分により、いい家に生まれ、蝶《ちょう》よ花よと大切に育てられるような人は、金の素質の人と言えると思います。こういう人が成人すれば、床の間の飾りにはよろしいが、いざ鎌倉という段になると、あまり役に立たん場合がしばしば見受けられます。

しかし、よふぼくは飾りではいかんのであります。実際に使ってみて、節くれだった木の根まで掘り返さねばならんのであります。大木になってくると、斧《おの》のような重いものでかからねばなりません。そこに鉄が必要となってくるのであって、金や銀では木の枝も切れんのです。

この鉄は、地金のままでは値打ちがありません。錆《さび》もまた多いのでありま
す。道のよふぼくは、元はと言えば鉄の地金みたいなものであって、いんね
んに迫られてようやく神様の話を聞いた人が大部分なのであります。そうし
てみると、どうしても私たちの地金は鉄です。しかし、鉄であるから有難い
のであります。地金のままほっておいたら二束三文で全く値打ちのないもの
が、鍛冶《かじ》屋が火と水で鍛えるように、神様にきびしく仕込まれていったら、
ほこりという錆も抜け、素晴らしい切れ味の道具となってくるのです。

鉄も鍛えぬかれて名刀ということになりますと、大した値打ちのもので、
金と同じくらい、いやそれ以上にもなります。その名刀はどうしたらできる
か。ある人に聞きますと、地金を叩《たた》いて、伸ばして、折り曲げてというよう
なことを、百万回以上やるという話です。

百万回というと気の遠くなるような回数で、ちょっと見当がつきかねます
が、ある時、私は計算してみたのです。ガマの油売りの口上では、紙を切っ
て、一枚が二枚、二枚が四枚、四枚が八枚と倍々にしてゆきますが、あれを
二十一遍やったらどうなるか。実に二百十万近くになるのです。二十一遍と

いうのはおつとめから思いついて計算したものですが、こうなると一粒万倍どころではありません。

私たちも本当のよふぼくにならせてもらおうと思うたら、親の前で心から身体《からだ》を二つに折って頭を下げる。これが、一枚が二枚ということになるのです。これを二十一遍やったら、二百十万回下げたと同じ理になると思うのであります。

そこで振り返って、私たちは何回身体を二つ折りにして頭を下げたか。二十一遍という人はまずないでしょう。一回や二回では大したことはないのです。あとのほうになって、ぐっと上がるのです。こうして頭を下げることにより、ほこりを叩き出し、いんねんと縁切りしなければ、本当のよふぼくとはならんのです。

常識から縁を切る

考えてみますと、思い切りのいい人が、思い切りのいいご守護を頂くようであります。終戦後しばらく経《た》ったころ、岩井孝一郎《いわいこういちろう》先生の依頼で、神戸のある教会の月次祭にお話にやらせていただいたことがあります。その会長さんは、この人何も知らんのかと思われるくらいざっくばらんで、言うなれば常識はずれの言動を平気でする人でした。しかし、参拝者はものすごく多く盛大なものでした。

ちょうど紀州《きしゅう》にある上級から、おばあさんの会長さんが見えていました。一緒に帰るということになって神前で拝をしますと、その会長さんは上級の会長さんに、「そこで、ちょっと待っていてください」と言うなり、自分はいきなり上段に白い風呂敷を広げ、その上へザァーッと賽銭《さいせん》箱の中身を丸ごとぶちあけました。そして、それをそのまま上級の会長さんに渡し、「わしはこれで一銭もなしや」と手を叩《たた》いて笑っています。こんな会長は、あとにも先にもお目にかかったことはありません。

あとでいろいろ聞いてみたところ、この会長さんは、留守中に神戸の大空襲があり、妻も子供も全滅という大ふしに遭《あ》ったそうです。着のみ着のままの一人ぼっちになった時、この人は人生の奥の奥まで見てしまって、ころりと性格が変わり、欲という欲がすっかりなくなってしまったといいます。そうなると信者さんも「うちの会長さんは、神さんみたいな人や。欲が一つもない」と言うようになり、何も言わんのにお供えもどんどんするようになりました。外から見ますと、何でもない人ですが、人間離れしてしまって、自分のためという心が一つもありません。一つのふしから、こうしていいほうにコロッと性格が変わると、信者さんの心まですっかり変わることを知って、私はよい勉強をさせていただきました。

　この人はさしずめ、神様のお仕込みと、素晴らしい思い切りによって、名刀となった人であると思います。そもそも教祖の教えは、ほっておけば錆《さび》でくさってしまう地金の鉄を鍛えて、名刀の威力を発揮させてくださる道であると思うのであります。そう考えますと、自分のようないんねんの深い人間は、とてもじゃないがおたすけなどできるもんじゃない、と言っているような人は、教祖に申し訳ありません。錆のある人ほど、努力次第によってあらたかなご守護をしてくださると、私は思うのであります。

　そこまで行くには、ものすごい火花も散るでしょう。けれども、そこに楽しみがあり、お道の真髄があります。そして、上級から大きなご用を言われた時が、火花を散らして働き、一粒万倍の守護を頂く旬と思うのであります。

　この点で私たちは、何かにつけ人間の常識や今までの考え方と、縁切りしなければなりません。これが仏教用語で申しますと往生ということで、行くところまで行って新しい種を蒔《ま》くことになるのであります。

「金銭や力でいかんものをいんねんと言う」という意味のことを聞かされます。いんねんを切らせていただくには、思い切った仕切り知恵、仕切り力、仕切り根性が必要となってくるのであります。この金銭や力でいかんいんねんというものを、知っているかいないか。ここに、信仰している人と、していない人の違いがあります。そして、いんねんを深く自覚する時、初めていんねんを切り替えようという大きな努力が生まれてくるのでありますが、それは自分の力だけでできるものではありません。

　教祖は月日のやしろと定まってから、世界たすけの上に、言葉では言いつくせない、ご苦労の道をお通りくださいました。また、そのお心は月日の心そのままで、たすけたい一条のお心と聞かせていただきます。この理により、たすからん人でも願いに来ればおたすけくださったのでありますが、これは教祖が、神様に口添えくださったようなもので、そこに教祖の有難さがあると思うのであります。

道の上に勤め切った人の場合も、同じようなものと思います。神様が「おまえの紹介状を持ってこられたら、聞かんわけにはゆくまい」とて、その願いを聞いてくださるのであります。子供が自分のさんげでたすかったと思っていては間違ってくるのであります。ここのところを、しっかり心に治めて通ることが必要です。

つまり、私たちは日々、目に見えぬ神様を信仰させていただいていますが、それとともに、姿のある親の値打ちを、もっとはっきり見きわめをつけておかねばならんと思うのであります。

どうでも通り切る

また、「いんねんというは心の道」とも聞かせていただきます。そこで、いんねんを切る一つの道は、自分の心に見込みをつけて、誰が何と言おうと、また何事が起こってこようと、定めた心を芯としてどこまでもやりぬくと、ある年限が来たら必ず、なるほどという日が見えてくるのであります。実行が根本で、たとえばにをいがけに行って、にをいがかからなくても悲しむに及びません。かからんでも、かかった以上に大きな理を積むこともあるのであります。こうして通り切りさえすれば、あとは苦労しなくても思うようになってくる、不思議な世界があることを実感することができます。鍛えるべきは心であります。

こうしていんねんを切るには、たいしよく天のみことのご守護を頂いてできてくるのでありますが、おふでさきでは、

つきなるハたいしよく天とゆうのハな
これわせかいのはさみなるぞや　十二　145

とて、たいしよく天のみことを世界の鋏《はさみ》であると言われているのであります。

普通、切る道具としては刀や包丁を思い浮かべますが、鋏も大したものです。ある時、私は料理鋏を頂きましたので試してみたところ、まことに具合

がよろしいのに感心しました。包丁より楽であると思いました。そこで、世界の鋏と言われたわけを初めて知ったのであります。

ところで、切ることにもいろいろあって、不足とか腹立ちは感心いたしません。悪口も切る理になります。面と向かって言うのはまだよろしいが、陰で悪口を申しますと、それを伝え聞いた人は何倍にも腹を立て、心を鬼にします。人だすけをするお互いは、陰で悪口を言うことは絶対に避けたいものであります。反対に、人から悪口を言われた時は、それを善意をもって受けとめる心ができたら、それがたすかる元となります。

また、「人からもろうたものは忘れるな。人にあげたものはすぐ忘れよ」とも聞きます。ところが大抵は、その逆になりやすいもので、こういう心でいては、いつまで経《た》ってもいいんねんの根は切れないと思わせていただきます。概して申しますと、世間の常識どおりの心で通っていたら、常識以上のことは現れてこないということなのです。

切り口上は悪いというが

いんねんがなかなか切れないということは、私たちの素質が金ではなくて鉄だということです。古鉄や錆《さび》鉄みたいなもので、どんなほこりやいんねんが出てくるかしれません。けれども、それはそれでよろしい。鉄が真っ赤に焼かれて、鎚《つち》でなぐられ、火と水で叩《たた》かれたら、錆が火花となって散って良質な鉄となるように、私たちもさまざまのふしを通して神様から鍛えていただいたら、ほこりも払われ、それで本当のよふぼくとなってゆくのです。叩かれ鍛えられるから結構なのです。

顧みて、私がまことに有難いと思いますのは、ものすごく叩かれ、鍛えられたことです。人間でありますから、その時はうれしいものではありません。カッとするような時もあります。しかし、そこまで行って初めて、ちょっとはこたえたやろということになり、仕込む者と仕込まれる者の心の通じ合いも出てくるのです。言葉だけのきれいごとでは、人間は育つものではありません。

かくして鍛えられる中に、喜べる心がつくれるようになりますと、今度は道の子ができた時、こちらがきびしく叱《しか》っても腹を立てないで、ついてくる人ができてまいります。自分が通らないでいますと、ちょっときびしく言ったら逃げ出してついてこない、ということになってくるのであります。

　ここからしますと、切り口上は悪いということになりますが、一概にそうとも言い切れないこともあるのです。平野楢蔵先生はよく、「会長から阿呆《あほう》や馬鹿やとボロカスに言われるようになったら、自分のいんねんのさんげが半分くらいできたものと思え。そうでなかったら親は、絶対言うもんではない」と言われたそうです。そうしますと、いつもボロカスに言われるようになったら大したもので、なかなか言ってもらえんものです。

　昔の人は、言ってもらえるようになることを楽しみとしていた人が多かったと聞きますが、これによって素晴らしいいんねん切りをさせていただくことを知っておられたからだと思います。「たんのうは前生いんねんのさんげ」と聞かされますが、親からそこまで仕込んでもらえる人は、それだけ前生いんねんのさんげができてきた人でありましょう。このたんのうは、いんねんを帳消しにするとともに、新しい種を蒔《ま》いたのと同じことになります。言い換えますと渋柿《しぶがき》に甘柿を接《つ》いだようなものです。

　接ぎ木をする時には、台木の枝をスパッと切って接ぎます。すると、次第に大きくなったものは穂木と同じようになります。教祖の教えがちょうどそのとおりで、過去のいんねんを思い切りよく切って、新しい運命の芽をつなぎますと、知らぬ間に大きくなり、何もかも立て替えていただけるようになるのです。阿呆や馬鹿やと言われる中をたんのうして喜んで通ることは、接ぎ木してもらうようなもので、一番早いいんねん切りの方法であります。

　とはいえ、頭を下げることは、その時は負けることですから、わしはそんなこと嫌いじゃと言う方もあるでしょう。しかし、負けることが身のためになるのです。商売人でも、人が買いに来て「これ高いな、まけとけ」と言うた時、「ハイ、おまけします」と頭を下げる店には人が寄ってきます。商品もさばけてゆきます。「わしはそんなこと嫌《いや》じゃ」と言う店は流行《はや》りません。「まかりません」と言うのは、店の中に取り込むことになるわけで、これでは商品はたまる一方です。たまるばかりなら商売繁盛という具合にいきません。「まけとく」というのは「負け徳」ということで、こういう徳さえ積んでおけば、人はいくらでも寄ってくるのです。

夫婦の間でも同じこと。争いが生じた時「今日のところはお負けします」と負け徳を積めば、ちゃんと治まってゆくのであります。神様に対しても負けとくほうがよろしいかと存じます。あれほしい、これほしいとご守護を欲深くお願いするのは〝くれくれ坊主にやりともない〟という次第で、神様も「欲があるならやめてくれ」と言われております。それより「神様にはことごとくまいりました」と、素直な心になったらよいのであります。今月はこれくらいしますからそのおつもりで、などという心であったら、それは、この世は神のからだということを知らない人の言うことであると思わせていただきます。

よく切れる人に

かくして私たちは、いんねんを切らせていただくために、さまざまに努力を重ねているわけでありますが、成ろうと思っても成らん、成るまいと思っても成ってくるのがいんねんで、なかなか思うようにいかん場合が多いのであります。そこのところは神様もよくご承知くださっているわけで、そこでいんねんを切るオールマイティーの方法、最後の手段として教えてくださったのがおつとめであります。これにより人間の手に負えないいんねんも切っていただく働きを見せていただき、無い生命も継ぎかえてくださるのであります。そして、最後には病の根を切り、世界をろくぢに踏みならしてくださるのであります。

そこへ行くまでには、

よくをわすれてひのきしん
これがだいゝちこえとなる　　十一下り目　4

とありますように、教祖の言われたことを信じ、めいめいが持っている欲の心の根を切ることが必要となってきます。私たちの日々は、この欲の心の根を切る修練であり、おたすけとは、人さまの欲の心の根を切ってあげる手伝いをさせてもらうことであります。

このように勤めておれば、次第に「あの人は、よく切れる人や」と言われるようになります。物でも金でも思い切りよく出せるようになります。その切れるというのは、実はつなぐことと一つのものでありまして、そこに一粒万倍の守護を頂く道が開けてくるのであります。

しかし、一気にそこまで悟れるものではありませんから、年限かけて、うまずたゆまず勤めておれば自然にわかってまいります。それを、石灯籠《いしどうろう》の上の苔《こけ》みたいな信心と言うのであります。

石灯籠の上に苔がつくには、五十年ではつきません。しかし、一度ついたら末代枯れぬと言われます。どんなに日照りが続いても、一雨来たらすぐ青々と元どおりになります。こういう苔のはえた信仰をしている人は、あの人今度はもうあかんやろうと言われていても、一遍おさづけを取り次いでもらうと、再びパッと立ち直る守護を頂けるのであります。

このように勤めていても、私たちは最後は死ぬのであります。死ぬことは切れるほうの横綱ですが、切る守護とつなぐ守護は一つ理のものでありますから、結局、死ぬのと生きるのは一つであります。ここのところを、お道では出直しと教えられています。出直してまた生まれ替わってくるのであり、この両方とも神様の守護によるのであります。人生の終わりは決して、さびしいものではありません。したがいまして、私たちは日々、うまずたゆまず、道を楽しんで通らせてもらうことが大切であると思わせていただくのでありま す。

をふとのべのみこと

引き出しの守護で一人前に

八柱目のをふとのべのみことは、出産の時、親の胎内から子を引き出す世話、世界では引き出し一切の守護の理、と聞かされます。

出産はお産とも申しますが、お産については、くにさづちのみこと（つなぎの守護）と、たいしよく天のみこと（切る守護）、およびをふとのべのみこと（引き出しの守護）のお働きが揃《そろ》って安産ということになるわけであります。そこで昔から、この三柱の理でお産と言うのであると聞かされるのでありますす。このように、それぞれの守護は別々に分かれてあるのではなく、一つのものであるということをご理解いただきたいのであります。

かくして生まれた人間は、初めは小さいものでありますが、親神様の守護でだんだんと育てられ、五尺まで引き伸ばしていただいて一人前になるのであります。ここからして、何によらず引き出しの守護を頂くことが、一人前にならせていただく元となると思案させていただきます。

しかし、そこへ行くまでの間には、さまざまのことがあり、必ずしも順調であるとは言えないこともできてきます。よふぼくという上から申しますと、一人前のよふぼくになるまでには、雨の日、風の日というように困難な日も出てまいります。そこで、いかに困難な目に遭《あ》おうとも、この道よりほかに結構になる道はないのだ、という確信を持たせてもらうことが大切と思うのであります。

ところが、長年信仰しても思うようにご守護が頂けないというようなことになりますと、お道ももう一つやなあと、心で思う人も間々あるようですが、これが一番恐ろしいのであります。かつて諸《もろ》井《い》慶《けい》五《ご》郎《ろう》先生が、ある講習会で「自分の心に屈託というカーテンをひいてしまったらおしまいだ」と言われましたが、屈託というカーテンをひくというのは、すなわち、お道ももう一つやなあと思う心と同じであります。

そんな時、思うようにならん時こそ逆に、この道よりほかに結構になる道はないのだという確信を心の奥で強め、どこまでも教えの理を守って実行すれば、結構なご守護を頂くことに間違いはありません。守護は神様の領分であり、先に下さることもあれば、ずっと後にならねば見せてくださらぬこともあります。しかし、どんなことになろうと、自分はやるだけのことはやるのだと確信し実行するならば、必ず引き出しの守護は頂けるのであります。反対に、もし心に屈託というカーテンをひき、常識や人間思案に流れてしまいますと、伸びるという守護は止まってしまい、人間身の内の守護では神経系統、筋の身上という結果になるのではないでしょうか。

ここから考えますに、何でも続くということが肝心で、ちょっとでも切れたらおしまいであります。さればこそ「続いてあってこそ、道と言う。続かん事は道とは言わん」（明治39・5・21）と教えられるのでありまして、この道は末代まで続くところに値打ちがあるのであります。石灯籠《いしどうろう》の苔《こけ》でも何百年と続いたものは大したもので、どんなに日照りが続いて赤くなっても、一度雨が降りますと、たちまち青々とよみがえります。信仰もこのようなものでありたいものですね。

癖、性分が恐ろしい

信仰には必ず元一日というものがあるのですが、よふぼくの元一日の姿は、亀の姿ではなかったかと思わせていただきます。おさづけの理を拝戴《はいたい》する時の姿が、ちょうどそれであります。この姿からして私は常に、ぢばの理は背中で受けるべしと思わせていただいております。力の限り荷物を背中に負わせてもろうて通るところに、よふぼくの値打ちがあり、背負うには背中が一番よろしく、また長続きするのであります。そして亀のように黙々と雨の中、火の中、反対の中を、ひたすら前進させていただくことが肝心であります。

よふぼくも初めのうちは亀の姿の人が多いのですが、年限が経《た》ち、いろいろのことがわかって賢くなってくると、自分の考えが正しい、あの人の言うことは理の上から言っておかしいという具合に、自分の思いを立てるような癖《くせ》が、いつの間にかついていることがあります。これはよくよく思案し、さい、んげさせていただかねばなりません。

お互い別に悪気があるわけではありませんが、気をゆるめておりますと、あの先生はああ言うが、自分としてはそのとおりにするわけにはいかんというふうに、素直に受け入れられない心の癖をつけていることがあります。この心の癖、性分が恐ろしいのであります。

ある時、教祖は船場《せんば》の梅谷四郎兵衛《うめたにしろべえ》先生に、「やさしい心になりなされや。人を救《たす》けなされや。癖、性分を取りなされや」と言われたと聞きます。たすかる根本の一つに、癖、性分を取ることを教えられたものと思います。

そこで振り返ってみますに、私たちは一生懸命お道を通らせてもらっているつもりであっても、知らずしらずのうちに自分の癖、性分をこしらえていることがあるのではないでしょうか。もちろん、癖といっても何も悪いこととは限りません。毎月おぢばいい帰りさせていただくというような癖は、はなはだ結構な癖であります。しかし、下手《へた》な癖はつけぬように、せいぜい心がけたいものであります。

家庭が治まらぬのも、この癖のためであります。男が女房に不足するのは、女房が知らずしらずのうちに出している癖が気に入らんからです。普段は気にならなくても、何遍も出されると機嫌の悪い日にはかんに障って嵐となるのですが、女房には、なぜそんなに腹を立てねばならんのか、わからんというようなものです。いずれにしても人の心を曇らす癖は、どんな小さい癖でも直すように努めましょう。

　昔から「習い性となる」と申します。癖が性格となるのです。そうなってしまいますと、悪いと思っていても自分で直すことは困難で、人から指摘されても「これがわしの癖じゃ」と居直ることにもなります。こうなりますと癖というのは、ある意味では高慢につながってゆくのであります。

　タバコ一つでも人には癖があります。私の若いころは、〝敷島〟は上等でぜいたくなタバコ、〝朝日〟や〝バット〟は安いし、ぜいたくではないと皆、思っておったものです。ところがある時、増野《ますの》道興《みちおき》先生のお話に、「自分はこのタバコしか吸わんと決めてしまうのは、一つのぜいたくである」と聞きました。

　たとえば教会へ出させていただきまして、上等なタバコを出されたとします。その時、自分はそんなものは要《い》らん、安いタバコしか吸わんのじゃと言うと、せっかく高い金を出して買ってきたのを無駄にして、また買いに行かねばならんという、余計な手間をかけさせることになります。そうなるとぜいたくです。何であろうが、その場その場で、有難《ありがと》うございますと素直に喜んで頂けるよう心がけたいものです。自分はこれしか要らんのじゃ、と決めてほこりにならんのは、自分の女房くらいではないかと思うのであります。

近道も欲も高慢もないように

頭が高い人や威張っている人は、高慢であるとよく言われますが、それだけが高慢ではありません。あの人はどうも虫の好かん人や、と言われる人は、高慢と考えてさしつかえないと思わせていただきます。反対に、どんな人からも好かれるようになったら、高慢のほこりが少なくなったと喜ばせてもらえばよろしいでしょう。四方八方の人から、どうもあの人とは心安くできん、と敬遠されるようになりますと、八方ふさがりで教会も立ちゆかんということになりかねません。こうなると、いくら知恵があるといっても、引き出しの守護は頂けません。人は皆、逃げてしまいます。

　人間が生きてゆく上について知恵は大切なものですが、知恵だけでゆくと高慢になりやすく、人に嫌われ、あらゆることで八方ふさがりの行き詰まる結果になることがしばしば見られます。これも一つの癖《くせ》です。癖はしまいには行き詰まるのであります。

　信仰の元一日には、癖はなかったはずであります。心の癖をとるには、常に元一日に思いを返し、心の底から教祖にお礼を申し上げて通ることが肝要で、その心が十分にあれば、自然と高慢のほこりが掃除されてゆくのであります。そこで私たちは、一日のうち何遍も教祖を思い起こし、今までの何層倍も教祖におすがりし、何事においても、教祖こうでしたとお話し申し上げられるような癖をつけたらよいと思います。いくら高慢な人間でも、教祖の前に出て威張る人は、まさかあるはずはありません。

　おたすけも、自分でしていると思うから高慢になることがあるのです。いかなる守護を見せていただきましても、それは自分の力でしたのではありません。これを忘れてはならんのであります。

中川よし先生が丹波で布教されていたころ、たとえ一人でも初めてにをいがかかったら、必ずおぢばへ帰って存命の教祖にお礼を申し上げたと聞いています。往復約五十里、三日か四日はかかります。今日のスピード時代からいうと、そんな時間があったら、もっとにをいがけしたほうが能率的ではないかというようなものですが、中川先生にとっては、そんな計算や欲得ずくの布教ではなかったのです。一人ににをいがかかっても私はうれしい。教祖もどんなにお喜びくだされ、心を砕いて見守っていてくださることか。それを思えば、一言でもお礼申し上げずにはおられない、という気持ちであったのです。

その心が教祖の受け取ってくださる心であり、その心があれば高慢のほこりも取っていただき、向こうもたすかる元となるのです。つまり、不思議な守護を引き出す元となるのです。「何処其処《どこそこ》へにをい掛かりたというは皆神の守護」（明治26・7・12）と聞かされますが、一人ににをいがかかる上についても、人間の努力より何倍かの教祖のお心づくしがあることを忘れてはなりません。

こういう心が治まれば、いくらでも神様のご用をさせてくださいますし、また立派なよふぼくも与えていただけます。自分の力でやっていますと、たとえ数多くの人ができても、ご用を勤めることのできないよふぼく、働かんよふぼくにしか育ちません。働かんよふぼくができたら、神様の思召《おぼしめし》は進んでゆかないのであります。

親神様や教祖が喜んでくださり、またご用に使ってくださるよふぼくは、どこに授かるかといえば、頭を下げることの好きなよふぼくに入り込んで働かれるのであります。こういうよふぼくが心定めをした時、その心に乗って神様は、前々から準備をして待っていてくださるのであります。

やまのなかへといりこんで
いしもたちきもみておいた　　八下り目　8
このききらうかあのいしと
おもへどかみのむねしだい　　八下り目　9

すべて神の胸次第と言われるのであります。世の中に、石のように理を守ることの好きな、意志の強固な人は、そうたくさんはいません。しかし、どこにいようと、そういう人を神様は引き出し、これぞと見込んだよふぼくに引き合わせてくださるのであります。高慢なよふぼくには、めったに引き合わせてくださいません。それゆえ、神様が先回りして、準備して待ってくださっているようなよふぼくになるよう、常に心がけたいものです。近道も欲も高慢もないように、ただ一筋の本道に出ることがもっとも大切であります。

　その点で、昔の先生方は欲も高慢もなく、阿呆《あほう》なほど素直であったと私は思うのであります。したがいまして、心定めができた時には、神様がちゃんと下準備をしてくださっていて、面白いほど道が伸びたのであります。

　明治十六年のころ、教祖のお言葉を頂いて、高井猶吉先生と宮森与三郎《みやもりよさぶろう》先生が遠州《えんしゅう》（静岡県）へ行かれた時のことであります。その時分、二人はまだ若く、遠州といってもどこにあるのか、見たことも聞いたこともないという状態でした。それでもほかならぬ教祖のお言葉ですから、その場で素直にお受けしたのですが、せめて道順でも教えてもらおうと、大阪の井筒梅治郎《いづつうめじろう》先生を訪ねて相談に行ったのであります。

するとﾠ「ちょうどよい具合やった。遠州へ帰る人が昨夜からここにいる。この人と一緒に行けば世話はない」とのことで、大和《やまと》へ戻って旅仕度をする暇もあればこそ、井筒先生にそこそこの物を用意してもらって、遠州へ出かけたのであります。これが山名《やまな》大教会ができる元となりました。

高井先生は後年、よく言っておられました。「わしはな、神さんが遠州へ行けと言われた時、こっちに何の用意もないのに、ハイと受ける心が定まった。そしたら何でも神さんがちゃんとやってくださっていた。それからわしは、道を通るに何の先案じも要《い》らんということがよくわかった」と。ここにおたすけの秘訣《ひけつ》があるように思われるのであります。

素直が素直を呼ぶ

このように素直になれたら文句はないのですが、自分が今まで持っている癖《くせ》や性分が現れると、苦労しなければならんということが起こります。前に、平野楢蔵先生が北陸へおたすけに行くについて、旅費がないので増田甚七先生の宅まで借りに行ったところ、金を貸してほしいという言葉が出せなくて、えらい苦労をされたという話をしましたが、平野先生の気性では、旅費を出してくれとは言えなかったのでしょう。素直に言えたらスラッと行けたと思うのです。こちらが素直になれば相手も素直になるものです。そこのところがもう一つうまくいかんので、お互い苦労するのではないでしょうか。

河原町の上川米太郎《かみかわよねたろう》先生から、こんな話を聞いたことがあります。若いころ、信者回りをしていると、お昼時になりました。先方さんは「先生、お昼まだでしょう」と言われる。「うん、まだやねん」とあっさり答えると、「私は先生を見直しました。大抵の人は、昼飯時分に行くなとか、聞かれても済ましてきたと答えよとか、いろいろ心得を聞かされていて食べないもんですが、先生が、まだやと素直に言うところが気に入りました。よろしい、これからは何でも先生の言うことは素直に聞かせてもらいます」ということになったそうです。

私の母は平野先生仕込みで、お昼時に行っても頂いたことがないと、いつも話していましたが、上川先生の話を聞いた時、天理教とは面白いもんやなあと思ったものです。私も、食べてなくても食べてきたと言うほうです。それがまあ常識です。しかし考えようによれば、それは嘘《うそ》であり、高慢がまじっているかもしれません。してみると一概に、いいとか悪いとか言えないということになります。

他の例で申しますと、上級の会長から無理と思われるご用を言われた時、どう答えますか。心ができてないのに、いかにも治まった顔をして受ける。受けるのはよろしいが、あとになって、あんなことは無茶やと言ってこぼしたり、あてにされているだけのことをしなかったら、それは嘘になってしまいます。そんな時、素直に「まだ、それを受けられるほど成人しておりません」と答えれば、それはそれで、また受けられるよう話してくださり、考えてもくださるのであります。それが親と子というものです。

思い切りに新芽が出る

さて、お互いよふぼくとして神様のご用をさせてもらう人間は、私はおたすけ人でございますとおさまっているだけではいかんので、一つの仕切りをしなくては何も生まれてきません。一人の信者をこしらえることは、一人の子を産み育てるのと同じことです。

ところで、産まれる前に必ず親と子の胎縁を切っていただいて、それから引き出しにかかってくださるのであります。言い換えると、引き出すためには切ることが先に伏せ込まれていなければならんというわけであります。

私の家内の初産《ういざん》の時、私は福岡教務支庁に赴任していました。おぢばでお産をした家内は、年も若かったし、随分長い時間がかかって苦しんだそうです。二度目からは楽々のお産でした。なぜ初産が、そんなに長くかかったかについて、家内は次のように話していました。

産気づいた時、家には後妻に来られた母がいました。この母は子供を産んだ経験がありません。駆けつけてきた産婆さんの弟子も若い人で、これも経験なし。そこへ陣痛です。家内は早くこれが治まってほしいと、そればかり考えて、きばることを忘れていました。そばについている人も経験がありませんから、「それ、もう一きばりや」と声をかけることを知りません。どうも、それが長引いた原因ではないかと思う、ということでした。

　これと同じく、一人の信者が生まれるにも、病人のおたすけにおいても、横から「それがんばれ、もうちょっとや」と気合を入れてやる人がついていること、これが大切です。もうむずかしいという病人でも、そばについているよふぼくが「身体《からだ》はかりものや。心配するな、神様はたすけてくださる」と気合を入れると、それがきっかけで立ち直ることも間々あるのであります。こうしてよふぼくが気合を入れて力むうちには、その何倍も教祖が力を入れてくださっているのであります。

　不思議な守護を見せていただいた時、それを喜ぶのは、おたすけ人として当然のことです。しかし、その守護を頂く上について、存命の教祖が自分の何倍も心配してくださり、力んでくださっていることを忘れたら、たとえ一人はよくなったとしても、二人三人と次々にたすけていただくことが、むずかしくなるのではないでしょうか。一人をたすけさせていただくたびに、教祖のご苦労を肝に銘じて有難く思い、お礼を申し上げる。これが教祖存命の理を悟る重大な道と思うのであります。

話は変わりますが、中川よし先生の丹波での布教時代は、病人のおたすけはもちろん、生活に困っている人があれば、夜中にそっと行って米びつに米を入れておくという具合でした。それは、教祖が難渋している人に施しをされたというひながたを、そのまま受け取って実行されたのであります。その時、丹波の人は、病人はたすけてくれる、米はくれるし小遣い銭までくれる、天理教ほど有難いものはないと皆、大変喜びました。しかしそれだけのことで、もう一つ思うような理が見えてきません。中川先生は思案に余って、松村吉太郎先生に相談されたそうです。

「私は教祖のひながたどおりにやらしていただいているつもりですが、どうもたすかった人が道をはずれてゆきますし、中には前より悪くなる人もいます。ここがどうもわかりかねます」

するとと松村先生が、こう言われたそうです。

「それはな、たとえはよくないが、盗人に追い銭みたいなもんではないか。自分の積み重ねてきたほこりのため、落ちるところまで落ちた人に、まだ金をやったら、たすかる人でも、もう一つ下へ落ちてしまう。丹波の人はもらい癖《ぐせ》がついて、これ以上はむずかしいから、ここで一時、丹波はあきらめて東京へ出たほうがよかろう」

それから教祖のひながたの悟り方について、次のように言われたそうです。

「教祖は神のやしろで、これより上はもうないというお方である。言うなれば、ご恩報じをするにもするところがない。そこで、ご恩報じの理を施しという姿で示されたと、わしは悟らしてもらっているのや。教祖の施しのひながたは、われわれたすけていただく者にとって、ご恩報じのひながたと考えなければ、たすかる道はないと思う。われわれ谷底の者は、どこどこまでもご恩報じに徹することが肝心である。それを忘れたら、ますます谷底に落ちよう。ここのところをよく思案してもらいたい」

そこで中川先生は、東京に出て自らそれを実行し、人にも実行せしめられました。それからというものは、どこへ行っても先生の話は、教祖のひながたとご恩報じの話だけでした。その同じ話を聞かされた人が、今日は珍しい結構な話やと喜んだそうですが、同じ話でも聞く人の心の成人により、受け取り方が深くなると見えます。

かくして三年経《た》って、丹波の地をひそかに視察されたところ、かつて自分がおたすけさせていただいた人はその場だけのことで、今では一家断絶など悲惨な姿になっているのを見て、いかにご恩報じの信仰が大切であるかを、しみじみと感じられたということです。

中川先生が東京へ出られたのも、おたすけの道筋を一変されたのも、一つの仕切りであり思い切りであります。道の理を聞き分け、得心して思い切りよく実行できたとき、初めて新芽が引き出していただけるのであります。切る理がなければ芽は出ないのです。

先輩先生方は、まことに素直で思い切りがよかったと感心します。財産でも何でも、命には代えられんと思い切りよくご恩報じに伏せ込み、裸になって布教に突進されました。このご恩報じの心と実行があるところ、否《いや》でも応でも道は開け、ものすごい勢いで新芽が吹いてきたと思案させていただくのであります。

誠の心に神の理を頂いて

おたすけとは、悪いんねんをよいいんねんに切り換えることを意味しますが、これは容易ではないのであります。思い切った仕切り力、仕切り根性がなければ、それは成し遂げられません。相撲でも、勝負の八分ぐらいまでは仕切りで決まると言われますが、それほど仕切りは大切なものであります。

ところで、よふぼくがおたすけをさせていただく上について何が大事かというと、誠の心が一番であるとよく言われます。それに間違いはありませんが、自分の誠の心だけでおたすけができると、単純に考えるのは問題ではないでしょうか。その奥をもう一つ考えたいものです。

私の祖父が頂いたお言葉に、「それ誠が容《い》れ物や」と諭されています。誠は容れ物でありますから、誠だけでは人はたすけられません。ほこりのない容れ物に、人をたすける神の理を入れてもらったとき、初めておたすけの実《じつ》を見せていただけるのであります。容れ物が汚れたままであったら、せっかく入れていただいた神の理が濁ります。そこで神様は、ほこりを払えとか、心を澄ませとか、神が箒《ほうき》となって胸の掃除にかかるとか、やかましく急《せ》き込まれていると思うのであります。

さまざまの人間思案を忘れ、この人にどうしてもたすかっていただきたいと一筋に思えるようになれば、少なくともその時はほこりのない姿でありま す。その理に神様が働いてくださるのであります。そこでおたすけ人は、心のほこりを払うよう常に心がけねば、神様に働いていただくことはできませ ん。先輩先生方は、一度おたすけにかかったら、たとえば三日間はいかなることがあっても絶対に腹を立てませんというように心定めをし、それを一生懸命実行されたと聞きます。その一筋の心、それが「誠が容れ物」ということであって、そこへたすかる理を入れてくださるのであり、その理を頂かせたら相手はたすかるのです。たすけてくださるのは、あくまでも親神様であり教祖なのであります。

かくしておたすけに励み、心を澄ますことを積み重ねてゆきますと、神様は理の眼《まなこ》を開けてくださいます。世界では肉眼・心眼ということまでは申しますが、お道ではもう一つあるのであって、一心に神様の理を取り次ぎ、人にたすかっていただくことを念ずるところに、目に見えんものが見えてくるようになる。それが理の眼であります。そこで私たちは、どうしてもそこまで進ませていただかねば道を通る値打ちがありません。

その理の眼は、自分の力で何でもやっていると考えている間は開けていただけません。何でも教祖のおかげ、教祖のお心づくしがあればこそ、という心で通るところに開けてくるのであります。

先ほど申しましたように、高井先生や宮森先生が遠州へ行かれ、その帰途のことであります。伊賀上野まで辿《たど》り着いたのは昼ごろでしたが、少しでも早く教祖のもとへ帰らせていただこうというので、中食も我慢して歩き続けました。その日、教祖はお供えされたお餅《もち》をご覧になって、「今日は、遠方から帰って来る子供があるから、それに分けてやっておくれ」と言われました。夕方になって、そのご慈悲のこもったお餅を頂いた一同は、有難涙にむせぶとともに、今さらのように、教祖のおかげによって何でもやらせていただけるのであるということを肝に銘じたと聞いております。

また教祖は、あまり外へお出ましにならないのに、時々足がねまるとか、しんどいとか仰せになることがありました。そのような日は必ず誰かが元気よく帰ってきて、「ああ、結構や。こうして歩かしてもろても、少しも疲れずに帰らせていただいた」と喜んだそうです。これは教祖がお屋敷で、子供に代わってお疲れくだされた賜物《たまもの》であったのであります。

　この教祖のお心づくしを、しみじみ有難い、もったいないと思い、人にも話せるよふぼくになることが大切であります。これを忘れると、知らずしらずのうちにご守護を見せていただけなくなり、行き詰まり、お道ももう一つやなあと、心のカーテンをひく原因となると思うのであります。

　教祖と上級とは同一ではありませんが、上級のある方は、なぜ上級教会が与えられているか、その理合いを素直に考え直し、反省しさんげさせていただくところに、新しい芽を吹く元ができてくると思わせていただきます。

　再び中川先生の話になりますが、丹波から東京へ出発するに際し、松村吉太郎先生から餞別《せんべつ》として五円を頂かれました。それを皆かんろだいへお供えされたところ、多くの人からほぼ同額の餞別をもらい、おかげで汽車で東京へ到着した時には、懐中に二銭残ったと聞きます。ここから決死的な布教が始まったのであります。

中川先生は松村先生から頂いた五円を終生忘れることなく、それに報いるために、以後、松村先生の小遣いは私一人で引き受けると心定めし、息のある限り続けられました。この理合いを、わがこととしてお考えいただきたいのであります。

一つの名称の理のお許しを戴く上には、上級の並々ならぬ苦労があるのであります。それがわからんようになったら行き詰まってまいります。成人して女房をもらい、子供ができてくると、親から言われることをうるさく感じるのが人間の常ですが、それでは世界並みでも立派なこととは申せません。まして私たちはよふぼくであり、教祖の道具衆なのであります。常に人一倍反省をし、もし自分の心で教祖のご苦労・お心づくしを忘れていたとしたら、それをさんげし、もう一遍わが心に引き出す。これが新芽を見せていただく元であり、ほかにご守護を見せていただく道はないと信ずるのであります。

いざなぎのみこと・いざなみのみこと

おいしく頂くことが大切

九柱目のいざなぎのみことは男雛型《ひながた》・種の理、十柱目のいざなみのみことは女雛型・苗代《なわしろ》の理と聞かせていただきますが、この二柱は夫婦神《みょうと》なので一緒にお話を進めたいと思います。

親神様は泥海中から八柱の道具衆を見定めて、それぞれ引き寄せて人間をおはじめくださったのでありますが、その中でお姿のままで道具に使われましたのは、九柱目と十柱目だけで、あとの六柱は「承知をさせて貰《もら》い受け、食べてその心味《こころあじわい》を試し、その性《しょう》を見定めて」（天理教教典第三章）使われた。つまり姿なしにして使われたのであります。ここに大きな違いがあることに気づかせていただきます。

この世の元初まりは泥海でありました。その泥海へ月日親神様が天降《あまくだ》って生活を始められたのでありますが、それが八町四方で、これを元のやしきと聞かされます。月日親神様がお姿をもって天降られた以上、食べる物が要《い》るわけでありまして、そこで水中につくられたのが魚であります。だから魚は親神様に食べられて、だんだん出世をしていったのであります。そこで今でも、魚が網にかかってとられたら、魚が上がったと言います。

教祖は、食事の前には両手でお箸《はし》を持って、拝をされてから召し上がったと聞きますが、ある時、そばの人たちがさまざまの魚をとって、その煮たものをご覧に供しますと、その中のもっとも大きいものを見澄まし、お箸にとって「こういうものに生まれてくるさかいに、人間に食われてしまわにゃならん。早《はよ》う人間に引き上げてもらえよ」と言われて一口食べられ、それを「さあ、みんな、おいしゅう食べてやってくだされ」とおっしゃってお下げになったそうです。

さらに「生き物は皆、人間に食べられて、おいしいなあと言うて喜んでもらうで、生まれ更《か》わるたびごとに、人間のほうに近《ちこ》うなるのやで。そうやからして、どんなものでも、おいしいおいしいと言うて食べてやらにゃならん」とお聞かせくださいました。

ここからしまして、魚を食べる時は、それが小さくても、少々煮つまっていても、黒こげになっていても、あーおいしいと言って食べるのがお道の者の態度で、これができない人間は教祖の弟子とは申せないと思います。こんなまずい魚は食えるか、と言っているようなことでは、せっかく命を捧《ささ》げた魚も出世できないのであります。

魚に限らず、どんな物でも、あーおいしかったと言える癖《くせ》を身につけることが大切であります。そういたしますと、魚も徳を積むことになりますし、人間も血肉がふえ、自分もたすかる元となります。教祖は、そういうたすかり方を教えられたと悟られるのであります。

苦労の先に結構がある

さて、教典第三章には、「そこで、どろ海中を見澄まされると、沢山《たくさん》のどじょうぢよの中に、うをとみとが混《まじ》つている。夫婦の雛型《ひながた》にしようと、先《ま》ずこれを引き寄せ、その一すじ心なるを見澄ました上、最初に産みおろす子数の年限が経《た》つたなら、宿し込みのいんねんある元のやしきに連れ帰り、神として拝をさせようと約束し、承知をさせて貰《もら》い受けられた」と述べられていますが、この条《くだり》について悟らせていただくことをお話ししたいと思います。いざなぎのみことは、この男雛型・種となったうをにつけられた神名であり、いざなみのみことは、この女雛型・苗代となったみにつけられた神名であります。

親神様が泥海中を見澄まされると、たくさんのどぢよの中にうをとみが混じっているので、これを夫婦の雛型にしようとして呼ばれますと、脇目もふらずに、まっすぐに寄ってきたと聞かされます。それが一すじ心であって、そこが親神様の一番お気に召した点であったそうです。

ここからして私は、道の中でもっとも親神様のお心にかなうのは、素直な一すじ心ではないかと思わせていただきます。お道を通る上について、どんな日もありますが、どんな時でも素直な心をもって通るならば、必ず道具として、いついつまでもお使いくだされ、結構にお守りくださると確信するのであります。

親神様は、かくして引き寄せられたうをとみに、「このたび人間というものを造るのであるが、おまえたちは自分の思いにぴったりのものであるから、夫婦の雛型になるように」と言われたのでありますが、二度それを断って元の所へ帰っていった、という話を聞くのであります。そこで親神様は、こちらの言い分だけを言うから承知できないのであろう、それならば向こうにも楽しみを持たせてやろうと思われ、約束の年限が経ったら元のやしきに連れ帰り、神として拝をさせようと約束されたところ、承知をしたと聞かされます。

これについては、いろいろな悟り方があるでしょう。私が思いますに、私どもが道を通るについて、自分は一生いかなる苦労をしても結構であるという覚悟で通ったら、陽気ぐらしを目的に人間をおはじめくださいました親神様のことでありますから、だまって見ておられるようなことはなさるものではない、と考えてさしつかえないのではないでしょうか。そこで、自分は何も要《い》らない、どんな不自由・難儀の中をも勇んで通らせてもらおうと思っていても、時が来れば必ず親神様は結構を与えてくださると思うのであります。そうしなければ親の気がすまんということになりましょう。

お道は何も、初めから結構になろうと思って通るものではありません。不自由でもよろしいと思っているうちに、やむを得ず結構になる、あるいは結構にしていただく、これがよいのであります。自分は生涯、自動車には乗らんと思っていても、やむを得ず乗らねばおさまらん日が来たら乗る。何でも「やむを得ず」という言葉が上につきさえすれば、ご馳走《ちそう》を頂いても自動車に乗っても、それはほこりにならんと思います。「やむを得ず」という言葉がつかないと、ぜいたくになり、高慢になり、ほこりになります。ここのところに気をつけたいと思わせていただきます。

本当の働きの理

ところで、先ほども申しましたように、うをとみ、すなわちいざなぎのみこといざなみのみことは、お姿のまま使われたのでありますが、他の道具となる六柱は、親神様が食べてから使われたと聞くのでありま す。つまり食べられることにより、親神様に同化して姿なしになったと思うのであります。そうしておいて親神様は、それぞれの持ち前や得手を見定めてお使いになった。それぞれの働きの味わいを、こうして生かされたのであります。このように姿なくして、あるいは姿は見えないままに働くのが、理の働きであると思わせていただきます。

どんな物でも食べて消化しますと、元の姿形はなくなってしまいます。しかし、それを食べた人は、これは鯛《たい》であるとか人参《にんじん》であるとか知っているのであります。あるいは、鯛でも何でも元の姿形のままがんばっていたら、いつまで経《た》っても血肉となりません。食べられて、姿形がなくなって初めて、本当に生かされることになるのであります。

私たちは、それぞれ姿形を持ち、そのままの姿で人に認められたいという気持ちがあるわけですが、それでいいのかどうかということです。それよりも、自分の姿形は誰に認められなくてもよい、真実の心づくしを親神様に受け取っていただくなら、もうそれ以上何も言うことはない、という気持ちを根底において勤めさせていただきたいものであります。そして、これが本当の働きの理になるのです。ところが私たちは、ややもすると自分の姿形を通して認めてもらおうとするわけで、そうするというと、道具衆としての本来のあり方と一致しないことになってまいります。

お互い道のよふぼくは、自分の姿形を親に噛《か》みこなしてもらうことが大切で、噛みこなしてもらえない者は、本当のよふぼくにはなれないのではないでしょうか。親に食われてしまって、自分の姿形はなくなったと自分でも言えるようになれば、どんな働きもできるようになります。それが嫌《いや》なよふぼくは使いものにならんと思います。

私が昔、聞かせていただいたところによりますと、いざいざの無いぎ（岐魚）というところからいざなぎのみこと、いざいざの無いみ（白蛇）というところからいざなみのみこととの神名をつけられたそうです。いざいざの無いとは、いざこざ言わん、文句を言わんということです。よふぼくでも、あれこれ文句を言う者は、親になる資格が頂けなくなると思案します。

心味わいから申しますと、いざなぎのみことは、人間の言葉で言うと義理堅かったそうです。ここに男雛型として使われる元があったようでございます。男一の道具もそうですが、総じて男というものは、日ごろはどうということはなくても、いざ鎌倉という時に奮い立つのが男らしい男であります。いつも腹を立てているようでは、いざという時に、ものの用に立ちません。日ごろはおとなしく素直な人ほど、ここぞという時に働きができるのです。

これに対しまして、女は固くなってはいけません。素直で柔らかいのがよろしいのであります。そこで私たちは、素直であることを心がけ、しかも、いざ鎌倉という時には思い切った仕切り根性を出せばよろしいと思います。それさえできれば、普段はいくら負けていても男の本分は立派に立ち、ご用もさせていただけるのであります。

心の思い直しが大事

親神様は道具衆となる六柱を皆、食うて味わい、それぞれの持ち前や得手を適材適所に使われて、人間をおはじめになったのであります。ここから私どもよふぼくは、教祖の道具衆と言われ、各自の持ち味や特徴に応じて使っていただくのでありますが、さて、では自分で自分の持ち味や特徴を、はっきり知っているかどうか。わかっているようで、わからんというのが実際ではないでしょうか。その、自分ではわからんところも、親の目から見たら、よくわかるという点もあると思われるのです。

　私どもが上級にお使いいただく場合、ややもすると、上級は自分のことを知らん、よう使《つこ》うてくれないと、不足に思う人があるのであります。そういう人は、自分のことは自分が一番よく知っていると思っているのですが、自分のことは親が、さらによく知ってくれているのだと思い直し、自分に言い聞かせるよう心がけることが大切であります。低い所からよく見えない時でも、高い所に立てば見えないものも見えてくるのであります。そこで、どんな役を頂いても結構と受け取って真実をつくす。そこに大きな理を頂く元ができてくるのであります。

　素直にハイと受けるのが第一で、その次に、なってもならいでも、言われたことを精いっぱいやるということ。それで上級の思惑どおりに運ばなかったら、それとなしに親から考えて見定めをつけてくれるものです。

また、自分ではその与えられた持ち場に一生懸命勤め、これぞという自信ができたころになって、突然他のご用に変えられることがあります。そういう時は、張り切っていた気持ちがしぼみ、がっかりするものですが、そんな時でも素直にハイと受けて、心で思い直しをすることが大切です。

この思い直しができなかったり、下手《へた》でありますと、人間の進歩・成人というものはありません。変わり目に不足をしたり、油断をすると風邪をひき、なかなか治りません。何でも結構という心を持ってないと、失敗することが多く出てきます。変わり目に自分で自分の心を倒すことなく、さっと心の切り換えができるような人間にならないと、神様のご用を勤める上に遅れが出てきますし、道からはずれることも起こります。私もいろいろ失敗をしただけに、よけいに強く感じるのです。

意に反して変えられたような時、素直にハイと、わだかまりなしに方向転換できる心のゆとりのある者には、おたすけの時、親神様のご守護が頂けると思います。これが親神様のお返しであり、ご褒美《ほうび》であります。そして、これがよふぼくにとっての最大の喜びであり、念願なのであります。

理とは親心なり

このように、道具衆として使っていただくには、丸ごと食べこなしてもらうことが大切でありますが、一方、親ともなれば別の心構えが必要となってまいります。

ある先生が「この道は、自分が食うて味おうて人に食わせる道である」と言われましたが、まさにそのとおりです。たとえば、河豚《ふぐ》はおいしいものですが、うっかり食べると毒にやられます。そこで、おまえ先に食べてみよ、大丈夫ならわしも後から食べよう、というようなことを言っていたら誰も食べません。お道でも、まず自分が実際に通ってみて、これなら何人の人を連れて通っても心配ないという自信をもってかかるなら、人もついてきてくれますし、親としての値打ちもあるのですが、先に人に河豚を食わせてからというようなチャッカリしたよふぼくでは、一人もついてくるものではありません。

ましで、この道は、今まで人間としては考えられんような道を通るのでありますから、いい加減なことでは誰も聞いてくれません。聞いてなるほど、見てなるほどではいかんので、通ってなるほどという実《じつ》を積まねばなりません。そこまで行って初めて自信がつくのであって、三分の自信がつけば十くらいのことができてくるのです。あとの七は神様が後押しをしてくださるのであります。十分用意ができてからならやる、と言われる方もありますが、何もかもわかってから、と言っていては生涯信仰はできません。

柏原源次郎先生は、よく言われていました。

「おつとめの時〝悪《あ》しきを払《はろ》うてたすけたまえ〟と唱えるやろ。あれは神様に頼んでいるわけや。自信があるならば何も頼むことは要《い》らん。考えてみるに、われわれは誠一つでたすけていただくわけであるが、それがなかなか思うようにはできんものやで。自分の力でいいんねんが切れるものやなし、おつくしにしても、いったん自分の懐《ふところ》に入ってあたたまった金は出しにくいもんや。神様に手伝《てつど》うてもらわねば何もできんのが人間や」と。

また、撫養《むや》の土佐卯之助《とさうのすけ》先生から教示されたお話の一つとして、よく親指の話を聞かされました。

「その証拠に親指を考えたらわかるやろ。手には五本の指がついているが、親指が添わなければ、一つの物も持ち上げられん。一本でも七分の働きがある。これが親というもんやないか」と。

このように、親というものは何にも働いてないようでも、七分の働きをしていることを知らねばなりません。

ところで、信仰においては自分の癖《くせ》、性分を直してゆくことが肝心ですが、自分の力で一代のうちに、それを成し遂げることはできません。木でたとえますと、私たちは曲がった木みたいなもので、曲がった木なら曲がったまま使ってもらうより手はありません。つまり、一代は癖、性分のまま神様によい具合に、よい場所に使っていただき、だんだん曲がりがなくなるにつれて、角材にしてもらうのであります。そうして順次に成人させていただくのであります。

次いで「元の理」によりますと、親神様はうをに男一の道具、みに女一の道具を仕込まれ、男・女の雛型《ひながた》と定められたと聞かされます。そして、月様はいざなぎのみことの体内に、日様はいざなみのみことの体内に入り込んで、人間創造の守護を教えられたのであります。

わかりやすく言うと、身となる理と、心となる理と、魂となる理を仕込まれたと悟れるのであります。月日とは水気と温《ぬく》みの守護であります。魂については、おふでさきには「たまひい」と書かれていますが、これが本当であって、「たま」とは水の理、「ひい」とは火の理で、つまり月日の理を示すものかと思わせていただきます。

かくして夫婦の雛型ができ、三日三夜《みっかみよさ》の間に、九億九万九千九百九十九人の子数を、いざなみのみことの胎内に宿し込まれ産みおろされたのでありま す。これが、この世・人間の根本でありますから、みかぐらうたの第二節に、

このよのぢいとてんとをかたどりて　ふうふをこしらへきたるでな

これハこのよのはじめだし

と明確に教えられているのであます。

はじめだしというものは非常に力のあるものであり、一番の喜びとなるも

のでありまして、かつて、ある大教会長さんが八十近くになったお母さんに「一生を通じて何が一番うれしかったですか」と聞かれたところ、「一つだけ言えというならば、おまえを産んで、おまえが私の乳を飲んでくれた時が一番うれしかった」と申されたそうです。ここに天地を貫く親の愛があるのであって、またそれほど、はじめだしというものは力のあるものであるということであります。

不思議なご守護を頂いたとか、教会ができたとか、喜びはいろいろありますが、とどのつまりは、親の愛を確かめることができたことが一番うれしい。これが偽らざる親の言葉と思います。これが本当の人間の姿です。

その点からすると「理とは何ぞや」と尋ねられたら、むずかしい答えはいろいろありましょうが、ある先生が「理とは親心ではないですかね」と一口に申されましたことが、私の心に深く残っています。親神様が人間を生み、育て、成人させる上につくしてくださったお心づくしが理であります。親が子に使ってくれた心味わいが理なのです。理が立つとは、この親の心味わいがわかることであり、理が立たんとは、親の心がわからず、親の心に沿い切れないことを言うのです。理をむずかしく考え、本当の親心を忘れますと間《ま》違《ちご》うてくるのであります。

夫婦は世界たすけの土台

　この道は世界たすけの道でありますが、その上について、わざわざ「夫婦をこしらえきたるでな、これはこの世のはじめだし」と、夫婦の理が根本であることを教えられた意味はどこにあるのか、篤《とく》と思案したいところです。

　夫婦というのは、それほど大切なもので、世界たすけ、かんろだい建設の土台となるものです。さればこそ、地と天とを象《かたど》ってこしらえた、とまで言われているのであって、ここに私はいざなぎのみこと、いざなみのみことの理合いを悟らせていただくのであります。

　夫婦となって初めて子供も生まれ、親と子の喜びも味わえるのであります。そこで、夫婦は共に長生きさせてもらうことがもっともよいことですが、途中で連れ合いをなくすることが多いものです。一方が欠けたら生み出すことができんではないか、というようなものですが、必ずしもそうではありません。元の理によりますと、最初に産みおろされた子数は皆、出直してしまい、父親なるいざなぎのみことも身を隠されたが、一度教えられた守護によって、いざなみのみことは元の子数を宿し込み、三度までそれをされたと聞かされます。女だけで宿し込みができるとは不思議な話であると思われる方もあるかもしれませんが、ここの理合いが非常に意味深長と思います。結局、いざなみのみことの体内に入り込んだ水の理は皆、いざなみのみことの体内に入ってしまっているということなのです。

この理合いを道の上で申しますと、方々の教会の姿を見ますに、男の会長さんが出直して、夫人があとを継がれたところは、大体教勢が伸びているようであります。ここのところも元の理から思案すれば、別に不思議ではないと思うのであります。

会長は信者宅回りをせよ

さて、いざなぎのみことは、天にては天の川をへだてて牽牛《けんぎゅう》という七夕星、いざなみのみことは織女《しょくじょ》という七夕星として現れると聞かされます。その理が地上に現れますと、五十鈴《いすず》川をへだてて伊勢の内宮《ないくう》と外宮《げくう》になります。こういうところから、

いざなぎといざなみいとが一の神
これてしよこの大じんくヽなり　六　52

と言われているのでありまして、お伊勢さんは、元の親の理をまつらせ拝ませてあると聞くのであります。

このお伊勢さんには太神楽《だいかぐら》というのがありまして、近ごろでは滅多《めった》に見られなくなりましたが、昔は獅子面をかぶった人が口をあけ、鈴をならして戸ごとに回ったものです。あれは、親が可愛《かわい》い子供の家を戸ごとに回って声をかけ、息をかけるという姿を表していると思います。ここから考えますに、会長となる者は、せめて月に一遍くらいは信者の家を訪ねて、門口から声を

かけて回るのが大事な心がけではないかと思います。教会が大きくなれば、手分けしてでも実行したいものです。

城法《しきのり》大教会前会長の山本正信《やまもとまさのぶ》先生は、それを実行された方です。時間をつくっては、半長靴を履いて信者を訪ね、門口から「ああ、元気でやってるか。よかったなあ」と一言だけ声をかけて回ったものです。あれは太神楽みたいなものやなと、私は思いました。「なんで天気の日に半長靴を履くのや」と聞くと、「途中で雨になっても回れるからや」という返事でした。

こうして二度三度重なりますと、何とも言えん親しみが湧《わ》くもので、参拝せえとも言わないのに、皆、誘い合って参拝してくれるようになってきたそうです。それが引き出しの守護を頂く元となったのです。

よふぼくも人間ですから、行きやすい家もあれば、どうしても足が遠のく家もあります。行きにくい所は心の中で切っているのです。しかし、この辺に研究の課題があるので、行きにくい家でも、こっちが思い直して声だけでもかけて回る。「二度と来てもらわんでよろしい」と言われた家でも、「ああ、元気でやってるか」と声だけかける分には、怒る人はありません。そうしているうちに、こっちが思い直して足を運んだ理によって、参拝してくれるようになるものです。

これは実話ですが、宮城県のある教会での話です。会長さんが酒好きなところから、信者宅回りをすると、どうしても尻が長くなる。だんだん嫌われて教会に寄りつく人がなくなり、教会がさびれました。若い会長になった時、上級の先生が「おまえは親父と反対のことをしなければいかんぞ。ともかく、足しげく信者宅回りをせよ。その代わり、お茶の一杯も飲むな。仕事をしているところへ行って、土間から声だけかけて回れ。それがおまえの仕事や」と命じました。それくらいのことなら、話もせんでいいし、年が若くてもできるというので、さっそくそれを実行しました。

初めは、今度の会長は変わった男やなあ、というくらいのことであったそうですが、たび重なるうちに、えらい評判になってきました。親類でもそう往《ゆ》き来するものやないぜ、声をかけて回るだけでも容易でない真実やと、皆だんだんと参拝するようになり、しばらくのうちに教会が立ち直りました。

人間思案からすると、行ったところで旅費倒れやし、そんなら寝ているほうがましやというものですが、そこを思い直すことが大事であります。昔、紀平正美《きひらただよし》という偉い学者の話を聞きましたが、それによると、大和魂はこの思い直すという心であるとのことでした。よく言いますね、「清水《きよみず》の舞台から飛び降りることを思うたら」などと。こういう心になって、思い直したら元気が湧いてきます。自分はもとより信者さんにも、この思い直す癖《くせ》をつけさせておかないと、一度いずむとそれっきりになってしまいます。それでは神様に対して申し訳ありません。気に食わん人であっても、自分が思い直して訪ねてゆく。ここに、向こうが思い直さざるを得ない理が生まれてくるのであります。

ズバリ言えるのは親だけ

以上は、親の子に対する態度について述べたものですが、子の親に対する態度として気をつけたい点もいろいろあります。自分の性格や信仰からゆくと、どうも親の言われることは反《そ》りが合わん、気に食わんと、ふくれる根性を使う人がありますす。これは河豚《ふぐ》の姿です。さわるとふくれるのが河豚ですね。そして、下手《へた》をするとあたる。これが恐ろしいのです。

　ふくれたりあたったりするような根性のよふぼくがおたすけに行きますと、毒気にあたって、たすかる人でもたすからんことになります。親にふくれるような人間は、おたすけに行かんほうが人だすけになるみたいなものです。

　河豚の反対となると、亀の姿、亀の心です。亀ならば好かれるし、歩みは遅くとも長生きします。これがよろしい。教祖九十年祭で忙しい、走らねば間に合わんというようなものですが、私のような年齢の人間は、ものの百メートルも走ったら三日くらいは動けんようになります。それよりボチボチでも息長く勤める。これが誰にも怪我《けが》させない通り方です。

　夫婦の理から親の理に考えを進めてお話ししているわけですが、親に必要なものは、何と言っても親心ということにつきます。この親心あってこそ、人をたすけることができるのであります。お互いよふぼくは、世間の人の言うようなことを言うておっては、おたすけはできません。言いにくいこともズバリと言わなければたすからないのです。となると、言いにくいことを言えるのは親だけです。親が子供に相当きついことを言っても、悪意がないことはわかっていますから、子供も平気だし親も平気です。

　このように、日々真実の親心で育ててきた人に対しては、言いにくいことを言っても真意は通じますが、親心というものがないと、何を言うか、ということになってしまいます。言いにくいことを言うてもろうて、たすかったお互いです。褒《ほ》められてたすかった者は一人もないはずです。そこで、どうでもこうでも言いにくいことを言えるようふぼくになり、また言ってもらえる人間になることが大切で、そこまで行かなければ世界たすけまで発展しません。前にも話しましたように、私が大病をした時、永尾よしゑ奥様から「牛に乳をもろうてまでたすかりたいのか」とズバリ言われて、立ち上がる気力をつけていただいたことがあります。これも、まことに言いにくい言葉ですが、この一言が私の終生の宝となっています。

　生死の境にある人をたすけることは、容易なことではありません。世界でも、このためにものすごい金が使われているのです。人間の知恵や学問でやろうと思えば大変なことになります。しかし、お道のおたすけで、金では絶対買えないド根性をつけてもらうならば、それは永代のたすけの元となるのです。

そこで、お互いは一言でいいから、子供に終生の守りとなる言葉を出せるよふぼくになるよう努力しましょう。それが親の責任です。その言葉は親心から発するのであって、単なる言葉ではありません。生死の境にあってたすかるか、たすからんかの切り札は、一か八かの覚悟とド根性なのです。

今の人は賢くなって、世間から非難攻撃されないよう、上手《じょうず》に通る人が多くなっているようですが、これではおたすけはあがらないのではありますまいか。人に笑われてもそしられても、これだけは言わねばならん、これが自分の仕事だと覚悟して、これを言うのはおれだけだ、これでたすかるのだ、という自信を持ってかかってほしいのです。これが言えないと、いつまでも赤子や幼稚園児のような子供ばかりになってしまいます。これでは親の勤めを果たしたことになりません。

夫婦の理、親の理をめいめいに悟って、教祖に喜んでいただけるような道を通らせてもらいたいと念願します。まして教祖は、いざなみのみことの御

理の魂と聞かされます。これを深く思案して、立派な子として成人させてい
ただこうではありませんか。

道一条と神一条

形の上の道一条

親神様の守護の理合いについて、だんだんとお話し申し上げてきましたが、最後の締めくくりとして、道一条と神一条ということについて、ご相談させていただきたいと存じます。

教会をお預かりして道一条で通っていて、なおかつ思うようなご守護が頂けないのはどういうわけであろうかと、苦しみ悩んでおられる方が割合と多いのであります。道一条で通ることは、なかなか容易ではありません。百人に一人、千人に一人という道であります。せっかくそれだけの道を通りながら、もう一つはかばかしいご守護を見せていただけぬというなら、それは大きな悩みであります。それに対し私が思いますのに、もしご守護いただけぬと悩む人があるなら、その方は失礼ながら、道一条と神一条を混同しておられるのではないか。道一条を通ることが、すなわち神一条であると、単純に考えておられるのではないかということであります。

ものにたとえて話しますと、どの町にも老舗《しにせ》というものがあります。私の家は代々うなぎ屋で二百年続いています、呉服屋で十代やってきました、という店はたくさん見られます。ほかの商売をしないのですから、そういう店は言うならば、代々うなぎ一条であり、呉服一条で通ってきたわけです。それだけ続けても思うように発展せん、という店もまた多いのです。

うなぎ屋と比べるのは申し訳ありませんが、道一条で二代三代通ったというても、形の上からすれば、それはうなぎ屋と同じではないかとも言えるのです。しかし、うなぎ一条と道一条とは根本的に違った点がなければならない。ではどこが違うか。それは形ではありません。心において、神一条を通っているかどうかによって決するのであります。

教祖は神一条と言われています。真柱様も事あるごとに、神一条の筋金を入れるようにと言われます。道一条ということは滅多《めった》に言われんのでありま す。ここに私どもが勉強すべき点があると思わせていただきます。つまり、道一条で通っている者はそれに満足しないで、その中にもう一つ馬力をかけて、神一条と言えるような味をつけていただきたいのです。道の将来を考えたら、形の上で道一条を通っているということで安住しているだけなら、容易ならん日が来ると思うのであります。道一条もむずかしいが、神一条はなおむずかしい。しかし、その神一条を通り切ることを忘れて、道一条はあり得ないとお考えいただきたいのです。

心が神に通じたら

それにつけても思い出される一つの実話があります。大分以前のことですが、神殿当番を勤めさせていただいていると、同じ日に芦津《あしつ》の役員の河合《かわい》先生が奉仕しておられました。皆さんと同じようにお掃除もし、献饌《けんせん》もされていて、変わるところは見受けられません。ところが、それが終わって火鉢を囲んで一服という段になって突然、先生が「私はただいま中風《ちゅうぶ》を患《わずろ》うておりまして」と言われる。その場に十三、四人の詰員先生がおられましたが、信じられません。昔患うたというならわかりますが、今患うているとは考えられぬと言いますと、「それなら証拠を見せましょう。私はただいま自由のかなう中風を患うているのです」。

その証拠というのは二つの手です。みんな交替して触れてみますと、左手は冷たく右手は普通に温かい。これには皆びっくりいたしました。続いて「私は芦津部内の巡教をしますが、夏は汗をかきます。しかし、右半身は汗でいっぱいになっても、左半身は汗をかきません。ワイシャツも右半分だけが汚れます。これ、中風ですやろ」と。

これを聞いた私は、神様のご守護とはこんなに素晴らしいものか、と思ったものです。医者が逆立ちしても、こんな器用な治し方はできるものではありません。先生は、こう続けられました。

「なぜ神様が、こんな守護を下さったか考えました。私のところの会長様は本部勤めが主で、留守はどうしても私ども役員がしなければなりません。私は役員の一人ですが、いんねんからすると、とうに中風に倒れて然《しか》るべきところなのに、それでは芦津が立ってゆくまいからという親心によって、こういう自由のかなう中風にしてくださったものと悟っております。自由自在に動かしてやるが、おまえ自身は中風のいんねんのあることを忘れてはいかんぞという、尊い思召《おぼしめし》の上からこうなっていると思います。私も人間ですから、いんねんのあることを忘れて頭が上がることもありますが、その時には冷たい左手をさわってみて、これではいけないと反省させてもろうとります」

　責任ある立場の人に、よく味わっていただきたい言葉であります。

　私は肺病をたすけていただきました、もうすっきり跡形もありません、という方はたくさんあります。そうして十年二十年、有難い、有難いと言っているうちに、うっかりするといんねんまで切っていただいたと思い込んでしまいやすいものです。そこに問題がある。

　同じ道一条を通っていても、いつとはなしにご守護いただいたことを忘れてしまったら、神一条からはずれてゆきます。いつまでも忘れずに、常に自戒し、一層のご恩報じに励む人が神一条でありまして、道一条と神一条の違いを例として挙げると、右のように相成ります。やっていることは同じでも、心が神様に通じているかどうかが肝心なのです。

天の与えをふやす努力

上田民蔵《うえだたみぞう》先生は本席様のお付きの役をされた方で、食事のお給仕もされましたが、本席様は何一つ注文されませんのにただ一つ、ゴマ塩を忘れると必ず請求されたそうです。ある日、上田先生が「大変ゴマ塩がお好きでございますね」と申し上げると、笑いながら「ことさら好きというわけではない。私はここまでおいてもろうて、神様のご用に使《つこ》うていただいている。欲のようであるが、もうあと三年でも五年でも長生きして、ご用をさしてもろうて、出直しさせてほしいと思うから頂いているのや」とのことです。

「すると何ですか、ゴマ塩が長命の薬ですか」

「何も薬ではないが、私としては大切なものや。思うに、人間がこの世に生まれてくるについて神様は、この人間は一汁一菜五十年の寿命というように、大体の天徳が決めてあって、これは簡単に変えられるものではない。少々よいことをしても、そう変わらんものである。私は大工から始まり、今は結構にご用を勤めさせてもろうているが、自分自身は決して徳のある者ではない。せいぜいゴマ塩で通れたらよいほうであると思うている。それを忘れぬようにと思ってゴマ塩を頂いているのや。それによって三年でも五年でも長生きさせていただけるなら、これほど有難いことはない」

お互いのことを考えるに、身体《からだ》が丈夫やから長生きする、弱いから短命に終わるというものではありません。寿命は別で、これは金では買えないものです。神様の領分なのです。そこで寿命はじめ一切のことについて、自分の天の与えはどの辺か、よく思案して、何はさておいても自分の天の与えを減らさんよう、ふやすように努力することが根本であります。自分の徳分が一汁三菜であるとしたら、生涯一汁二菜で通る。すると一菜だけ残ってゆく計算になりますね。それを積み重ねると大きなことになります。「余れば返《か》やす、足らねば貰《もら》う。平均勘定はちゃんと付く」（明治25・1・13）と聞かされるのは、ここであります。

本席様は、ゴマ塩が自分本来の天の与えと見きわめ、低い心で通られました。そこまでして三年でも五年でも長生きをし、神様のご用に使っていただきたいという心が、何ものにも代えがたい尊い心であって、これが神一条の心なのであります。

私が本部に勤めさせていただくようになったころ、管長職務摂行者の山澤《やまざわ》為造《ためぞう》先生がお風呂に入られる姿をよく拝見しました。先生は、いつも本部の共同風呂に入られるのでありますが、自分で湯をかい出されるのは桶《おけ》三杯で、出直されるまでそれ以上はありませんでした。石鹸《せっけん》も使われません。それでは入った気がせんではないかというようなものですが、今になって思うに、本席様と同じようなお心ではなかったかと推察するのであります。ここに、理屈を超えた神一条の味があるのです。

柏原源次郎先生は生涯、日の丸弁当、禁酒、禁煙、木綿着用を実行されました。なるほどと思う人もありましたし、固すぎると思う人もありました。これに対して先生は、「何も私は固くはない。これで当たり前や。これでようよう教祖の道を踏み違えんようになっておる。ほかの人が柔らかすぎるのと違うか」と言っておられました。柏原先生の場合、ここに神一条の命があったと思うのです。

こうしたことは理屈ぬきの生き方であって、言わん言えんの境地になって実行するところに、神一条の味が出てくると思うのです。これを忘れて、神様にご守護いただきたいと、なんぼ頼んでもあかんのであります。

理屈ぬきの実行が第一

神一条は、このように理屈ぬきで実行した時に味わえるのでありますが、これは阿呆《あほう》になるということに通じます。人間の知恵や力でいくら賢くなっても、神一条の境地は、それでは絶対味わえません。

私も立場上、しばしば教会事情について相談を受けますが、理屈に合うように、ちゃんと順序立てて、初めから答えまで決めておいて相談されますと、こちらとしては返事のしようがありません。人間思案がこれだけ入れば、神一条の入る余地はなくなってしまうというものです。夫婦の間でも、お互い反論できないような理屈を立てて争いますと、たすかりようがありません。そこをたすかるには、言わん言えんの理を聞き分けることが肝要で、それさえできたら、何かの理も鮮やかということになります。ここを会得するのが神一条の第一歩と心得ます。

道一条を通って先生ということになり、だんだんひねてきますと、次第に賢くなって、神様の領分にまで立ち入って批判する傾向が出てきます。これも注意すべき点です。人間の生き死には神様のご守護の領分ですが、たとえば「あの人は、あんな心づかいで通っているから、ああなるのも当然や」と言うなら、とんでもない間違いです。気の毒やと言うのが神一条というものです。当たり前かもしれないが、そう言うてしもうたら、それでおしまい。自分の寿命も切れてゆきます。

教祖は理屈ぬきに、たすけ心を発動されたお方であります。北村平四郎さんの話は最初にしましたが、天理教に大反対で、あの頑固な人でも、子供の身上には仕方がない。瘡《くさ》ができてどうにも治らん子供のために、頭を下げる心になって教祖のもとを訪れた時、教祖は、その子供をひったくるようにして抱きかかえ、ああ可哀想《かわいそう》にと言って、ご自分の舌で、その臭い頭をなめられました。これを見て、さすがの北村さんも全身冷や汗をかいておそれ入り、人間の親のでけんことをするのは神様しかない、教祖はまさしく神様やと思ったそうです。

ここから考えますに、おれは天理教は大嫌いじゃと言っている人でも、人間の親のでけんことを理屈ぬきにしてもろうたら、それ一発で終生、神様に頭を下げることになるのです。理屈や説教でたすけようとしても、誰も相手にしてくれません。こういう理屈ぬきの実行が、神一条に通じるのでありまます。

「悪いことをして、叱《しか》られて怒る馬鹿がある。よいことをして、叱られて申し開きをするのは道理や。よいことをして叱られて、私が行き届きませんでと頭を下げたら、これが神理《しんり》で神一条の通り方となり、どんな世界でも治まらんということはない」という意味のことを聞かされます。このごろでは、悪いことをして開き直る人も多いのですが、もっとも多いのは道理の世界に生きる人です。これは裁判の世界で、どちらが正しいかを争うわけですが、勝った負けたと言っていては、道理は通っても人の心は治まりません。そこに道理を超えた世界が必要になってくるのです。この世界が、つまり神一条の世界と思うのです。

この点で神一条の通り方は、夫婦の間でも、親子の間でも、一つでも実行しようと思えばできるのです。たとえば、酔って乱暴する亭主を、女房が責めるのは道理に合っていますが、これでは治まらないのです。そこを治めようと思えば、まず道の理を聞き分けた者が、自分の行き届かぬ点、考え及ばなかった点を考えるという行き方を発見する。それが神様の教えであり、それが神一条の態度に通じると思うのです。

神様のお言葉を信じて

教祖のご生涯を見るに、人をたすけるという、もっともよいことをされながら、非難攻撃、迫害干渉の嵐の中を通っておられます。私どもからしますと、なぜ、あんな理不尽なことをされながら平然と頭を下げて通られたのか、そこがわからんというようなものですが、そこに尊いところがあるのです。

教祖の晩年、十二日間にわたって櫟本《いちのもと》分署に拘置された時のことです。のちに本部員になられましたが、そのころまだ小さかった人がいて、その人が、教祖がお屋敷へお帰りになったと聞いて、こっそり垣根の隙間《すきま》からお居間を覗《のぞ》いたといいます。巡査の怖いころで、子供心に、さぞかし教祖はやつれておられるであろう、布団をかぶって寝ておられるのではあるまいか、と案じたのでしょう。

ところが、教祖は縁側に出て、ながたん（包丁）を手にして、なすびの皮をむいておられる姿が目に映りました。その姿は、いつもと変わらぬ悠々としたもので、お疲れの様子はありません。しかも小さな声で「なすびの皮とへたとって」と歌いながら、一つずつ片付けておられたといいます。そのお姿はちょうど、孫の守《もり》をしながら家の手伝いをしている、おばあさんを偲《しの》ばせたそうです。教祖は警察に引っぱられようが何されようが、そんなことに少しもこだわっておられなかったのです。

食べる米がないとなれば、誰でもヤキモキしますが、教祖は「水を飲めば水の味がする」とて、何のこだわりも見せておられません。これで百パーセント親神様のご守護を頂いているのだ、と言っておられるのです。

道を通る上について、どんなに不自由しても乞食はささん、とも言われます。絶対保証してくださっているのです。よし、一遍乞食になってみてやろう、そして神様の言われることが本当かどうか、わが身に試してやろう、というようなド根性をすえてかかったら、新しい世界が必ず開けてきます。この先どうなるだろうかと、人間思案で考えているうちは、神様のお言葉を信じていないのです。神様を信じ切って、いかな細道も勇んで飛び込んでゆくところに、神一条の世界が体得されるのです。

さて、道を通る上について、今日まで道一条を通ることが最高で、それで誰にも文句は言われんというふうに思われていました。それでいて、もう一つというところで道が開けないと悩むのはなぜか。それは、道一条であるか神一条であるか、その紙一重のところが、ものを言うのです。

一味違います

私が福島教務支庁の書記を務めていましたころ、管内の某教会を訪れたところ、夕食に信者の洋食店へ案内されました。それは盛岡市一番と言われている店で、主人は裸一貫で出てきて、味一筋に生き成功した方です。おいしく頂きましたが、その時の話に教えられるところがありました。

主人とお店のコックが時々、全く同じ材料を使い、同じ条件で同じ料理をこしらえるそうです。ところが、同じ味のものができるかというとそうではなく、主人の料理は必ず一味違っておいしいというのです。それがくやしくて、コックは夜も寝ないで考えるのですが、今もって原因がわからんと言っていました。それは、味一筋に心魂を打ち込んできた歴史がものを言うのだと、私は思いました。

天理教でもそうです。同じように別席を運び、同じようにおさづけの理を拝戴《はいたい》し、同じようにお取り次ぎをしながら、見せていただく結果は違います。そんなはずはないのに……ということになりますが、ここに説明できない、言うに言えんものがあるのであって、それが味です。味は口でいくら説明しても、わかるものではありません。口の中に入れてみて初めてわかるのです。その味が食べ物の生命です。

お互いよふぼくは、自分独特の味を持っていなければ値打ちがありません。大体、自分独特の味・匂《にお》いは高価なもので、たとえばフランスの貴婦人は、自分だけの香水を注文してつくらせるそうです。金はいくらでも出すからと言って、他の人にないものをつくらせる。そしてその匂いをかげば、これは○○伯爵夫人だと、一遍にわかるということになるそうです。

私どもは何も高い金を出して、自分特有の味や匂いをつくらせる必要はありません。自分の真剣な通り方の中から、おのずから発散するのが味であり匂いなのです。だから、どこにいても、そこにその人独特の匂い・味が、みんなに感じられるような人間にならねばなりません。味のないものは誰にも食べてもらえないのです。その味は千差万別、これでなければということはありませんが、要するに、神様に認めていただける特有の心味わいを持つよふぼくになってほしいのです。その人でなければ味わえぬ味、それがその人の神一条の心につらなると思います。

悪しきを払うてたすけたまえ

この神一条は本来、そんなにむずかしいものではありません。めいめいで実行できるようになっているものです。たとえば夫婦の間が、どうもうまく治まらんという時にはどうすればよいか。男は、一日に一遍は女房に手を合わせて拝むことを実行すればよろしい。それができたら男として最高で、それが理のわかった人でしょう。女房も同様で、夫婦は拝み合うのが本当の姿なのです。

そもそも「この世の地と天とを象《かたど》りて、夫婦をこしらえきたるでな、これはこの世のはじめだし」と教えられています。小さいことのようであっても、これが世界たすけの絶対の理と悟るべきものです。だから夫婦は、体裁も何も捨てて拝み合えばよろしい。

それが素直にでけん人は、かんろだいの前へ行くことです。かんろだいは四方八方から拝み合う姿になっています。そこでちゃんと時間を決め、夫は北正面から、女房は南正面からというように打ち合わせ、同時にかんろだいを拝む。これなら誰にもわからずに、夫婦が拝み合うことになります。こういう訓練をすることも、またよろしいかと存じます。かんろだいづとめの人衆の配置も、拝み合う姿が基本になっているのです。

　拝をする時、手を合わせますが、今までの教えは口の前で手を合わせるようになっているようです。口の前に十の字を書けば、叶《かな》うという字になります。世界の人は、自分の願いをかなえてくれるように、と言って手を合わせ拝むのです。しかし天理教では、そんな欲の心で拝むのではありません。胸三寸と言って、胸先で手を合わすのです。

　それはなぜか。結構になるのもならんのも、よく考えてみたら原因は、ほかにあるのではない。自分の心の中に強欲と高慢がある。こういう心を使っていたら誰も相手にしてくれない。それが難儀する元であり、心のほこりが身を苦しめるのである。これがわかりますと、このほこりを払わなければ、いくらご利益《りやく》がほしいと願っても、神様としては下さりようがない。そこで自分から「悪《あ》しきを払《はろ》うてたすけたまえ」と胸を払う。これが天理教のおつとめの手振りであり、ここにたすかる元があるのです。

たとえば、どうしても言うことを聞かん親不孝の子があるとします。そんなことをしていては幸せになれないと、親としては心にかかって仕方がない。けれども、口やかましく言ってもダメである。こんなとき子供が、今日から心を入れ替えてまじめに生きてゆきますと、頭を下げて言うてくれたら、親としてどんなにうれしいか。その気にさえなってくれたら、もう何も言うことはないと、涙を流して喜ぶのが親なのです。

神様は人間の親であります。私どもが心を入れ替え、悪しきほこりを払っておすがりする心になったら、神様はどれだけ喜んでくださるかわかりません。そうして受け取っていただいた理によって、自由《じゅうよう》かなうご守護が頂けるのであります。

このおつとめの手振りの理が心に治まれば、一生難儀せずに通れます。これに心が添わないと神一条ではないわけで、これでは形は同じでも味が違うのです。したがって、思うようにご守護も頂けないということになってきます。

　大体、人間が賢くなってきますと、自分の力で何でもできる、神様に頼まんでもよいと考える人がふえてくるものですが、人間世界がいくら進んでも、「悪しきを払うてたすけたまえ」とお願いしなければ、絶対自由自在がかなわんと思うのであります。

　このおつとめの手振りは一つでありまして、これ以上のものはありません。大祭でも月次祭でも同じこと、盆も正月も一つです。その絶対的な一つのものを教えて、世界の人の心をまん丸い心にして治めたいというのが親神様の思召《おぼしめし》であり、この思召を聞かせてもらって、まん丸い心になれば陽気ぐらしができるのであります。

神一番を身につけること

　まん丸い心が治まれば、何を見てもうれしい、何を聞いても楽しいという、喜びづくめの境地になることができます。こうなれば難儀不自由は、もはやありません。ところが、見て不足、聞いて不足するから自由かなわんようになってくるのです。「難儀するのも心から」というのは、ここなのです。このところを、よく思案して通らせてもらうところに道が開けると思います。しかし、人間は大体が横着ですから、いくら教えてもらっても、忘れてしまって十分にこなせない。そこを思い直して、たとえ一つでも日々に実行するようになれば、それがつまり神一条であります。

この神一条ということがわからなければ、神一番と考えたらよろしい。朝、目がさめた時、今日も元気で生かしてもろうて神様有難《ありがと》うございます、と第一番に口で言わせてもらう。これが神一番です。自分が食べる前に、神様にご神饌《しんせん》をさせてもらう。これも神一番です。教会の月次祭でも、まず家の掃除をして、洗濯をして、それから何を片付けてと、人間のすることに力を入れて、時間に遅れるというのは落第で、何はさておいても教会へ駆けつけ、いいいい、ひのきしんの一つでもさせていただく。これが神一番です。

人間のことを先にして神様のことを後回しにする人は、事があって、いざ神様にご守護いただきたいという段になっても、神様としては、おまえはいつも私のことを後回しにしてきたんだから、気の毒であるが守護のほうも後回しになる、ということになるのではないでしょうか。

人生はいつも平穏無事ではありません。日常何でも神一番を心がけ、損得を忘れて勤めておれば、いざ鎌倉という時に、神様に働いていただけるのでありますこのように神一番を身につけることが、神一条になってくると思うのであります。

一つでもこれを身につけてから人だすけに行けば、魂が入っているわけですから、見せていただくご利益《りやく》もおのずと異なってまいります。魂が入ってないと、いくら形の上で熱心に勤めても、思うようなご守護は見せていただけないものと心得ます。ここに思案のしどころがあるのです。でないと、私は祖父の代から道一条なのに、なぜこんなことになるのかと、悩まねばならぬ仕儀になります。これは、言わん言えんの一つのことが悟れていないからです。神様が悪いのでも、依怙《えこ》贔屓《ひいき》なのでもありません。

三十年単位で思案する

この道は理屈を立てては通れません。自分の頭で通るのも考えものです。自分の頭で通れば一代で終わります。それは子供のほうがよく知っています。うちのおやじは一生懸命やっているようやが、あれはどうもニセモノやで、というのでついてきてくれない。口でいくらうまいことを言い、やかましく言っても、子や孫にまで続きません。お道は続くのが一番大切で、絶えたらダメです。

かねがね私は、三十年のズレをもって続けられているのが、人生というものではないかと考えております。寿命は人により長短がありますが、全体としては平均三十年でつながっています。親—自分—子供という順で存在していますが、これが切れてなくて、つながっています。しかし、三十年経《た》てば別れたり、いろいろの姿が出てきます。三十年というのは切れる旬でもありますが、まあ重なり合って続いている、これが人生です。

そこで、自分の今の運命を考えるとき、その元は三十年前にあったと思えばよろしい。また、自分の本当の幸不幸は三十年先に現れる、と見てさしつかえございますまい。今受けている運命は三十年前の種が生えてきたのであります。今だけ考えていたら、人生は何もわかりません。今はどうあろうと、三十年先に花が咲けばよい。そういう長い心で達観して通るところに、末代続く理が開けるのです。過去三十年を振り返り、この先三十年のことをよく思案して、現在の心定めをする。こうなれば間違いはない、と考える次第であります。

人間一人前になるのに、二十年三十年は親の手塩にかかるのであります。一日にして成るものではありません。また、子供を一人前に育てるのに、自分も二十年三十年の苦労をするのであります。こうして三十年をもってつながるところに、末代の理があるのです。そこで今の自分の境遇について、どうしてこうなのか、訳がわからんという場合は、三十年前の親と自分の二つを思案すれば得心ができます。また、いくら現在恵まれなくても、先の楽しみが湧《わ》いてきます。教祖は、どんな中でも先の楽しみをもって、勇んでお通りくださいました。これが陽気ぐらしのひながたであって、お互い未来に楽しみが持てなかったら、陽気ぐらしにはなりません。

その点において、道を通る上については三十年という単位で思案すると同時に、子供が三十歳になるまでの心づくしで間違いのないよう通らせてもらうことが大切です。

承知之助の貧乏や

このごろしみじみ思うのは、私が七つか八つの時、父が話してくれたことであります。そのころは不自由な暮らしをしていましたが、ある日、父は私を呼んでこう申しました。

「おまえは、うちが貧乏してるように思うやろうが、これは普通の貧乏と違うのや。これはな、聞き分けた貧乏や。承知之助の貧乏や」

私は子供心に、あっけにとられて聞いていました。

「財産があっても、無い生命《いのち》たすけてもろうたご恩報じにつくさせてもろうたら、これは聞き分けた貧乏や。また、持っている物を困っている人に差し上げたら、自分の物はなくなる。それを知っていてやるのやから、承知之助の貧乏や。だからおまえは、道を歩いても遠慮して小さくなるな。気位を持って歩け」

そんな言葉は、生まれて初めて聞きました。貧乏にもいろいろあることを知りました。本当の貧乏とは何か。こんなことをしていたらますますダメになると、躍起になって焦れば焦るほど落ちてゆく。こういう、貧すりゃ鈍する姿が本当の貧乏です。天理教を通るにも、こうなってから聞き分けるのでは道が遅れます。ある間に聞き分けるのが道であります。父は、それを理屈ぬきに教えてくれました。

「だから、今は何着ていても、何食べていてもよい。三十年経《た》てばわかる。木でも種を蒔《ま》いて三十年もすれば、立派になり実ものる。種を蒔かなかったら、先の楽しみは見られるものやない。わしは教祖に教えてもろうて、いささかであるが種を蒔かしてもろうた。その種は日本国中に蒔いてある。だからおまえが三十、四十になれば、どこへ行っても難儀不自由はせん。目に見えんが、金のなる木を植えてあるようなもんや」

日本国中に蒔いたといっても、その閑《ひま》もなかろうし、いつ蒔いたのだろうかと不思議に思い、いつとはなしに忘れていたのでありますが、父の言葉どおり三十、四十になって、ご本部の用で日本国中を回らせてもらうようになりました。金はなくても少しの不自由もありません。世の中、金がなくて通れるかと皆、思い込んでいますが、金がなくても心配しなくていいのです。ものは考えようで、お道でも自分は貧乏したと考えるから間違ってくるのです。したかせんかは、自分の身体《からだ》をよーく見てみればよろしい。目も見える、耳も聞こえる、手足も動く。これで百パーセントのご守護で、千万長者よりも十分なご守護を頂いているのです。貧乏どころの騒ぎではありません。

人間がやたらに心配しなくても、生きている間は神様が、食わすぐらいのことはちゃんとしてくださいます。それが親です。月日世話取りと言われますが、世話をするということは、衣食住の面倒を見るということであります。それを神様がやっていてくださるわけで、そうでなかったら、わざわざ月日世話取りとか、かしもの・かりものなどと言われるはずはありません。この神様のお心に沿うて、神様にもたれて通る心さえできたら、財布に金はなくても案じることは不要であります。

昔の殿様は財布を持ったこともなければ、金の使い方も知らなかった人もあったそうです。殿様と立場は全然違いますが、神様のご用をさせてもらっているよふぼくも、そのうちそうなってくるかもしれません。これだけおつくしさせていただかねばならんと躍起になっているうちは、見方によればいんねんが切れていないわけでありまして、これも神一条の年限を重ねるうちに変わってくるものと思います。そうなると本当に面白くなって、金がなくても結構に通れるということにもなってまいりましょう。そこまで行くについてお互いよふぼくは、いくら貧乏していても、神一条ということだけは絶対に放してはいけません。これさえ握っておれば、先の楽しみは保証付きであります。

そこで三十年先の見通しをつけ、楽しみづくめの勇んだ心で通ろうというド根性が入っておれば、なるほどという日がやって来ることに間違いはありません。それが先輩先生方の通られた足跡であります。

ただ、その道を通る上について、道一条で通っていて、もう一つどうもと悩んでいる方があれば、その方に反省していただきたいのは、一番肝心なところで抜けている点があるのではないかということです。すなわち、道一条がそのまま神一条であると思っていたが、道一条の中に、もう一つ神一条の筋金が通っていたかどうか、そこをしっかり思案していただきたいのです。今からは一段と成人して神一条を貫かなければ、仏つくって魂入れずということになると思い定め、心を込めて神一条を通ることを心がけるなら、自分でも驚くような確かな理が見えてくること間違いなし。お互い、それを目指してがんばらせていただきましょう。

復刊に寄せて

本書の発刊当時、『みちのとも』昭和四十九年五月号の「新刊案内」に、「本書は、おたすけとは何か、それとよふぼくとの関わり合い、あざやかな御守護をいただくためには、たすけるもの、たすけられるものがどうあらねばならぬか、等々の根本的な問題を、おたすけを志すものの側に力点を置いて究明することに捧《ささ》げられている」

と、著者の義弟に当たる生駒藤雄《いこまふじお》氏が書いています。また、「賢《さか》しらを捨てて、虚心に接するものには、それは汲《く》めど尽きぬ泉になるであろう。（中略）随所に豊富にちりばめられた先人の行跡・逸話も、さまざまなことを語りかけてくれる」

とあります。

一般に、文章を書く場合、引用においてはその出典を示し、一字一句間違いなく記すのは重要なことです。結構なことに、現在は原典をはじめ、教義書、研究論文、定期刊行物やその他さまざまな出版物、ネット上の情報まで、いつでも簡単に参照することができます。

本書は、著者の数々の「教話」がもとになっており、その話しぶりを残しつつ、「親神様の理」が順に述べられています。著者が先人から直接に何度も聞かせてもらったお話も数多く出てきますが、先生方が常に同じ表現で語られたかというと、実際は、場合によって多少の違いがあったのではないかと想像します。また、お話を聞かせてもらう側も、主に印象に残った部分を記憶していたということがあるでしょう。時には聞き違い、記憶違いがあったかもしれません。そういった点から、正式に残されている逸話との差異が認められる場合もあります。また、いつ誰からということなく「……と聞かせていただきました」とか、「ある先生は……と言われました」と述べられているところもあります。これらの内容はどこかに典拠があるものか、あるいは話された先生方の悟りや比喩《ひゆ》であるのか、時に定かではありません。言えるのは、著者がそう聞いた、ということです。さらには、当時は許されても、現在では問題となるような表現もあり、道友社編集出版課の方々がいずれも細やかに検証くださいました。

祖父は若いころから病弱であったと聞きますが、私の知る限りでは、いつも姿勢正しく堂々としていました。また、父が子供のころは、兄弟そろってよく叱《しか》られたという話を聞いていますが、私が一番に思い出すのは、教会の祭典講話で、参拝者に語りかけるように話す祖父の笑顔です。

当時、「おたすけの心」とは何と大きなタイトルかと思った記憶がありま す。発刊からちょうど五十年経《た》ったいま、復刊に当たって改めて読み、なるほど大切なのは「おたすけの心」。まわりの状況に心を奪われがちな私に、「心のふれ合い」を忘れるな、と叱咤《しった》してくれているように感じます。

立教一八七年十月

一筋分教会五代会長　西村和久

西村勝造（にしむら・かつぞう）
明治37年（1904年）６月17日、現在の天理市三島町に生まれる。大正12年（1923年）、旧制天理中学校卒業、おさづけの理を拝戴。同年本部青年、昭和19年（1944年）本部准員、41年本部員に登用される。管理部次長をはじめ、財団監理部第一・会計部支出課・輸送課・教会課・教区課の各課長、別席取次人、神殿おたすけ掛主任、祭事室神殿掛主任、よろづ相談所厚生部主任、綜合案内所主任などを歴任。岐阜教区長、一筋《ひとすじ》分教会３代会長などを務めた。62年１月15日、84歳で出直す。

道友社文庫
おたすけの心《こころ》

立教187年（2024年）11月１日　初版第１刷発行

著　者　西村勝造

発行所　天理教道友社
〒632-8686　奈良県天理市三島町1番地1
電話　0743（62）5388
振替　00900-7-10367
TENRIKYO DOYUSHA

印刷所　株式会社天理時報社
〒632-0083　奈良県天理市稲葉町80番地

ISBN978-4-8073-0669-5
定価はカバーに表示